A Arte
de Falar em Público

*Como fazer apresentações
comerciais sem medo*

Dados Internacionais de Catalogação na Publicação (CIP)
(Câmara Brasileira do Livro, SP, Brasil)

Cano Muñoz, Isidro
   A arte de falar em público : como fazer apresentações comerciais sem medo / Isidro Cano Muñoz ; tradução Marcelo Cintra Barbão. -- São Paulo: Cengage Learning, 2011.

   Título Original: El don de la palabra : hablar para convencer.
   1. reimpr. da 1. ed. de 2008.
   ISBN 978-85-221-0648-6

   1. Falar em público 2. Oratória 3. Sucesso em
      negócios I. Título.

08-04215   CDD-808.51

Índices para catálogo sistemático:

1. Arte de falar em público : Retórica   808.51
2. Arte de falar em público : Retórica   808.51

A Arte de Falar em Público

Como fazer apresentações comerciais sem medo

Isidro Cano Muñoz

Tradução: Marcelo Cintra Barbão

Austrália • Brasil • Japão • Coréia • México • Cingapura • Espanha • Reino Unido • Estados Unidos

A Arte de Falar em Público
Como fazer apresentações comerciais sem medo

Isidro Cano Muñoz

Gerente Editorial: Patricia La Rosa

Editora de Desenvolvimento: Danielle Mendes Sales

Supervisora de Produção Editorial: Fabiana Albuquerque

Produtora Editorial: Gisele Gonçalves Bueno Quirino de Souza

Título original: El Don de la Palabra
ISBN: 84-9732-423-4

Tradução: Marcelo Cintra Barbão

Copidesque: Camilla Bazzoni

Revisão de provas: Valdeirton Silva
Ivanilide Storer Silva
Luciane Helena Gomide

Diagramação: PC Editorial Ltda.

Capa: Heloisa Avilez

Imagem da capa: ©Blend/LatinStock

© 2006 de Wasdsworth, parte da Cengage Learning
© 2008 Cengage Learning Edições Ltda.

Todos os direitos reservados. Nenhuma parte deste livro poderá ser reproduzida, sejam quais forem os meios empregados sem a permissão, por escrito, da Editora.
Aos infratores aplicam-se as sanções previstas nos artigos 102, 104, 106 e 107 da Lei nº 9.610, de 19 de fevereiro de 199

Para informações sobre nossos produtos, entre em contato pelo telefone **0800 11 19 39**

Para permissão de uso de material desta obra, envie seu pedido para **direitosautorais@cengage.com**

© 2008 Cengage Learning. Todos os direitos reservados.

ISBN-10: 85-221-0648-7
ISBN-13: 978-85-221-0648-6

Cengage Learning
Condomínio E-Business Park
Rua Werner Siemens, 111 – Prédio 20 – Espaço 04
Lapa de Baixo – CEP 05069-900 – São Paulo – SP
Tel.: (11) 3665-9900 – Fax: (11) 3665-9901
SAC: 0800 11 19 39

Para suas soluções de curso e aprendizado, visite
www.cengage.com.br

Impresso no Brasil.
Printed in Brazil.
1 2 3 4 5 6 7   11 10 09 08

Sumário

PRÓLOGO xi

INTRODUÇÃO xiii

    O poder da palavra   xiii

    As chaves de uma boa apresentação   xv

1. HABILIDADES DO APRESENTADOR   1

    1.1. A arte de falar bem em público   2

    1.2. A confiança em si mesmo   4

        1.2.1. O medo do palco   5

        1.2.2. Superação da angústia   5

    1.3. A assertividade   8

    1.4. A voz   10

    1.5. A linguagem e a eloqüência   12

        1.5.1. A fluidez de nosso discurso   13

        1.5.2. Clareza de exposição   14

        1.5.3. Defeitos de nossas palavras   15

        1.5.4. Defeitos de nossas frases   16

        1.5.5. Como aumentar a memória   17

    1.6. A elocução   18

        1.6.1. Tom e volume   18

        1.6.2. Dialética e locução   19

        1.6.3. A intensidade e a ênfase   20

    1.7. A expressão corporal   21

        1.7.1. A roupa   22

        1.7.2. As mãos   22

    1.8. A postura   23

    1.9. A expressão facial   25

    1.10. A simpatia   28

        1.10.1. A cumplicidade com o público   29

1.11. A autocomplacência   30
1.12. Apoiar os pontos fortes   33
Exercício prático 1.1   34
Resumo   35

2. O DESIGN DA APRESENTAÇÃO   37

2.1. O objetivo da apresentação   38
2.2. O público   40
    2.2.1. O perfil do público   40
    2.2.2. O público em apresentações comerciais   41
    2.2.3. A segmentação   43
    2.2.4. O poder de convocatória   43
    2.2.5. O comportamento do público   44
2.3. A preparação   45
    2.3.1. Documentar-se amplamente   46
    2.3.2. A contribuição pessoal   46
    2.3.3. Anotações e "colas"   48
    2.3.4. O ordenamento do discurso   48
    2.3.5. Ensaiar, comprovar e experimentar   49
2.4. A abertura   50
2.5. O corpo   53
2.6. O encerramento   55
2.7. As transparências   57
    2.7.1. Estrutura das transparências   58
    2.7.2. A forma das transparências   60
    2.7.3. O conteúdo das transparências   60
    2.7.4. O texto nas transparências   60
    2.7.5. Gráficos e fotografias   62
    2.7.6. A apresentação das transparências   63
2.8. O vídeo   65
Exercício prático 2.1   67
Exercício prático 2.2   68
Exercício prático 2.3   69
Resumo   70

3. A REALIZAÇÃO DA APRESENTAÇÃO   71

3.1. A entrada no palco   72
3.2. O tempo   75

3.3. A empatia 78
    3.3.1. Formal ou informal? 78
    3.3.2. Estilo coloquial 79
    3.3.3. Sensibilidade interpessoal 80
3.4. Despertar interesse 81
    3.4.1. Novidade e relevância 82
    3.4.2. As pessoas 82
    3.4.3. Os benefícios para o público 83
    3.4.4. O público deve trabalhar 83
    3.4.5. Objetos na mão 84
3.5. Vencer e convencer 85
    3.5.1. Crenças 85
    3.5.2. A atitude do público 86
    3.5.3. Argumentos, provas e razões 87
    3.5.4. O valor diferencial 88
    3.5.5. A proposta de valor 89
    3.5.6. A sugestão 89
    3.5.7. O testemunho e a referência 90
    3.5.8. A reiteração 90
3.6. A credibilidade 91
3.7. Comparações e exemplos 93
    3.7.1. As comparações 94
    3.7.2. Regras mnemotécnicas 95
    3.7.3. As metáforas 96
    3.7.4. Os exemplos 96
3.8. Tópicos típicos 98
3.9. Citações e provérbios 100
3.10. A motivação e o desejo 103
    3.10.1. As necessidades humanas 103
    3.10.2. Os sentimentos 104
    3.10.3. Os incentivos 105
3.11. A crítica 106
    3.11.1. A análise SWOT 107
3.12. Aviso de recebimento do público 109
3.13. Perguntas e respostas 110
    3.13.1. Quando e como 111
    3.13.2. Como responder 112

3.13.3. Respostas a perguntas informativas   112
3.13.4. Respostas a perguntas críticas   113
3.13.5. As perguntas insidiosas   115
Exercício prático 3.1   116
Exercício prático 3.2   118
Resumo   121

CASOS PARTICULARES   123
1. O mestre-de-cerimônias   124
2. A coletiva de imprensa   125
    2.1. A entrevista pessoal   127
3. A demonstração prática   128
4. A reunião de trabalho   130
    4.1. A preparação da reunião de trabalho   131
    4.2. Objetivos e agenda da reunião   131
    4.3. Participantes na reunião   132
    4.4. Sala de reuniões   133
    4.5. A comunicação prévia   133
    4.6. A realização da reunião de trabalho   134
    4.7. Métodos de discussão   134
    4.8. Análises de alternativas e discussão   135
    4.9. Os participantes na reunião   136
    4.10. A decisão final   138
    4.11. O acompanhamento posterior   138
    4.12. As reuniões em contexto descontraído   138
    4.13. O almoço de negócios   139
5. Eventos lúdicos   140
    5.1. Jornadas de confraternização   140
    5.2. O discurso em um banquete   141
    5.3. Artistas convidados   142
    5.4. Atividades complementares   143
6. A conferência clássica   144

4. A ORGANIZAÇÃO DA APRESENTAÇÃO   147
4.1. A equipe organizadora   148
4.2. Quando realizar a apresentação?   149
4.3. O local da apresentação   150
4.4. A agenda   151

4.5. O convite   152
4.6. Orçamentos   153
    4.6.1. Gastos possíveis a serem considerados   154
4.7. Gestão da sala   155
4.8. O áudio   156
    4.8.1. Tradução simultânea   157
    4.8.2. O microfone   157
4.9. Os visuais   158
4.10. Documentação e material para o público   161

ATIVIDADES E AVALIAÇÃO   163
  1. Calendário de atividades de um evento   164
  2. Folha de avaliação   167

Prólogo

Este livro está dirigido, primeiramente, a qualquer pessoa que deve enfrentar a árdua tarefa de realizar apresentações em público, principalmente em âmbito empresarial ou comercial, com objetivos informativos ou de negócios, apresentando dados, conhecimentos e com o propósito de persuadir outras pessoas sobre uma determinada proposta.

No texto, são recolhidas as experiências pessoais do autor ao longo de 25 anos de vida profissional dedicados ao *marketing* industrial e com uma longa vivência em tribunas e palcos. Além disso, são apresentados teorias e conhecimentos em comunicação, psicologia, *marketing* e gestão empresarial, mas somente em relação à arte de falar em público.

O objetivo do livro é ajudar o leitor a desenvolver e melhorar suas habilidades em oratória, dialética, expressão corporal e na preparação de apresentações, bem como conhecer os detalhes na organização destas.

Em cada capítulo são feitas recomendações e pautas de atuação de uma maneira teórica; ao final, inclui-se uma série de exercícios a serem realizados pelo leitor, como meio prático de fixação de conhecimentos e aprendizagem na realização de apresentações.

O primeiro capítulo é destinado às habilidades que deve possuir e melhorar qualquer pessoa que se dedique a fazer apresentações e que supõem uma aprendizagem contínua que nunca deve ser abandonada ao longo da vida profissional. O uso da voz, da expressividade, da eloqüência e como ganhar confiança em si mesmo são as armas principais mostradas nesse capítulo.

O segundo capítulo está dedicado à fase de preparação, incluindo a fixação de objetivos, seleção e conhecimento do público, estrutura básica da apresentação e conselhos sobre como realizar a abertura e o encerramento de qualquer palestra.

O terceiro capítulo destina-se à realização física de uma apresentação em suas diversas partes e seus aspectos, prestando atenção aos exemplos, às citações, aos tópicos e, sobretudo, analisando as formas de despertar interesse, convencer, motivar e como tratar com habilidade uma sessão de perguntas e respostas.

Na continuação, há uma série de casos particulares na comunicação a grupos humanos, como reuniões de trabalho, eventos lúdicos, demonstrações práticas, coletivas de imprensa, conferências tradicionais e o papel que deve desempenhar alguém que vai apresentar outros apresentadores. Este anexo tem um caráter eminentemente prático e está orientado ao controle e manejo de situações cotidianas no mundo do trabalho.

O quarto e último capítulo analisa os aspectos organizativos, técnicos, logísticos e orçamentários de um ato de comunicação empresarial em um auditório, incluindo a gestão da sala, os meios audiovisuais e, sobretudo, como preparar uma convocatória de êxito. Incluímos, no final, um calendário de atividades prévias a um evento típico.

Este livro é, portanto, um manual para abordar um trabalho cada dia mais habitual em qualquer setor industrial ou comercial, levado a cabo por profissionais de traços e tipologias distintas, mas com o denominador comum de ser obrigado a enfrentar um público sentado, calado e na expectativa, que espera de nós uma palavra, uma mensagem e, muitas vezes, uma solução ou motivação.

Introdução

O *poder da palavra*

É fácil convencer alguém? A resposta mais imediata e óbvia é negativa, é algo difícil, pelo menos em teoria. No entanto, persuadir é sempre possível, e as manifestações que têm a ver com essa arte estão presentes todo dia e em qualquer lugar ou situação. Temos milhares de exemplos ao nosso redor, desde o vendedor até o político, do amante ao pregador; os seres humanos devem convencer seus semelhantes de suas propostas e idéias para avançarem em seus projetos e ilusões. Inclusive as crianças, que devem convencer os pais de seus caprichos, empregam seus dotes naturais de comunicação e outras medidas de pressão para conseguir seus objetivos. Portanto, podemos afirmar que qualquer ser humano passa, quase que diariamente, pela tarefa de tentar vender suas idéias aos demais usando o poder da palavra.

Desde o princípio dos tempos, os grandes comunicadores, pessoas que foram capazes de transmitir convenientemente uma mensagem a seus semelhantes, conseguiram convencer os demais de suas idéias, traduzindo e difundindo suas explicações e ilusões. A direção que tomou a civilização é fruto do trabalho dos líderes que convenceram as massas através de sua palavra.

Quando vemos hoje em dia que pessoas inteligentes são recrutadas por seitas que chegam, inclusive, a transformar totalmente a forma de pensar de seus membros até acabar em extremos como o suicídio coletivo, podemos concluir que a palavra tem mais poder que as armas. Este exemplo é muito remoto, mas nos faz concluir que, embora convencer seja difícil, sempre podemos empregar a comunicação verbal como o melhor veículo para conseguir nossa meta, em lugar da imposição forçada ou da violência.

O ser humano tem tendência a manter seus critérios, sobretudo quando percebe que um semelhante está tentando mudar sua opinião. A natureza humana traz implícita a resistência à mudança. É possível observar isso em qualquer reunião ou debate, quando existem opiniões opostas e alguém tenta convencer o oponente. Todos passamos por experiências nas quais é praticamente impossível terminar a polêmica com uma manifestação explícita de mudança de opinião de alguma pessoa.

Mudar de opinião é um direito do ser humano e é algo diário, factível, até mesmo saudável. O difícil é admitir publicamente que outra pessoa nos convenceu. Por isso, quando tentamos convencer alguém, é importante usar a humildade, tentando fazer com que o outro chegue por si mesmo aos nossos critérios, de forma que não pareça uma derrota, mas uma vitória da outra pessoa, ao enriquecer sua mente com um novo parecer. Não devemos esperar que o interlocutor nos diga: "Certo, você me convenceu". Muitas vezes, a mudança de opinião acontece inconscientemente, depois de horas ou dias, e sem uma admissão pública de que houve uma mudança.

Ao falar em público para um grupo de pessoas, o próprio ambiente apresentador-público facilita o trabalho de convencimento, sempre que seguimos uma série de pautas na comunicação. Os grandes pregadores e políticos foram capazes de mudar o mundo a partir de um palco, só com seus dotes naturais em oratória e a sociedade reconheceu que precisamente são essas faculdades que fizeram com que muitos personagens históricos fossem reconhecidos como líderes indiscutíveis.

A chamada "facilidade com a palavra" tem muito de personalidade forte, algo de telepatia, muito de transmissão de sentimentos, bastante de espírito analítico, um monte de capacidade didática e um pouco de voz e aspecto atrativos.

No entanto, existiram grandes oradores com dificuldades físicas na comunicação por terem problemas na vocalização, no timbre de voz e alguns, inclusive, gaguejavam. Outros possuíam um corpo e um rosto que não levavam ninguém a se aventurar a pensar em seus dotes de expressão corporal ou facial. Definitivamente, podemos ter certeza de que não existe um estereótipo do Grande Apresentador de um ponto de vista fisiológico. Isso nos permite afirmar que qualquer pessoa pode ser um grande comunicador, empregando as técnicas adequadas e sobretudo colocando ênfase e entusiasmo nas palavras.

A palavra transmitida verbalmente tem um grande poder sobre as mentes do público e afeta diretamente as zonas cerebrais adequadas. É preciso considerar que a comunicação pessoal insere, na mensagem emitida, a força da voz, as expressões facial e a corporal, além da transmissão das ondas cerebrais do emissor. Está comprovado que existe uma comunicação intercerebral entre os seres humanos e não só por meio de provas científicas ou das opiniões de afamados psiquiatras, mas por meio de conceitos cotidianos como a química interpessoal, a empatia, a personalidade, o poder de sugestão ou convicção; resumindo, às vezes, a liderança de uma pessoa sobre outras é exercida somente por sua presença física.

O objetivo de uma apresentação pode ser simplesmente informar, mas em 90% dos casos se pretende, além disso, convencer alguém de alguma coisa; por isso, é preciso tentar ao máximo pensar nos detalhes que nos facilitem esse trabalho de convencimento. Por exemplo, se enfeitarmos a palavra bem transmitida com textos e imagens, conseguiremos que o público receba a mensagem não só pelo ouvido, mas também pelos olhos, sendo agora dois sentidos que a recebem. Porém, o mais fundamental sempre é o que dizemos com a voz e com a transmissão de nossa mente. Devemos estar profundamente convencidos e entusiasmados com a mensagem; devemos conhecer detalhadamente o tema que estamos expondo e, com essas premissas e algumas técnicas de oratória, poderemos alcançar nossos objetivos.

Dizem que o afamado pianista Rubinstein tocava muitas notas falsas em seus concertos e, apesar disso, é considerado o melhor em toda a história da música. Portanto, a boa apresentação, do ponto de vista técnico, nem sempre será unicamente a melhor da perspectiva do público, que é sempre emocional e recebe a mensagem com um conjunto de características físicas e psíquicas muitas vezes inexplicáveis, mas que, afinal, CONVENCEM.

As chaves de uma boa apresentação

Comecemos dizendo qual é o pior qualificativo de uma apresentação: "chata". As apresentações ou discursos podem ter defeitos de fundo ou de forma, mas devem ter uma série de ingredientes que evitem o tédio e a indiferença no público.

Existem diferentes estilos, assim como há distintos atores no cinema. Muitas pessoas gostam indistintamente de formas tão antagônicas de expressão como Bogart e Mr. Bean, mas há denominadores comuns de fundo e de forma, e essas são as chaves para uma boa apresentação:

> DECÁLOGO da boa apresentação:
> 1. Escolher temas de alto interesse.
> 2. Preparar a apresentação com o máximo detalhe.
> 3. Realizá-la no ambiente adequado.
> 4. Escrever um roteiro bem estruturado.
> 5. Empregar meios audiovisuais adequados.
> 6. Utilizar a eloqüência.
> 7. Cuidar de nossa imagem pessoal.
> 8. Ser ameno e entretido.
> 9. Ensinar coisas novas, ser didático.
> 10. Interagir com o público.

1. Para começar, é preciso escolher temas que atraiam, que sejam atuais e que enriqueçam intelectualmente o público. Uma boa agenda de qualquer ato é a base da capacidade de convocatória que, além disso, deve se comunicar muito bem através do convite: TEMAS DE INTERESSE.

2. É preciso preparar muito bem a apresentação, selecionando cuidadosamente as palavras que devem fazer com que cumpramos nosso objetivo e escolhendo os audiovisuais de apoio, fazendo inclusive ensaios na frente de um espelho ou perante outras pessoas que nos ajudem a melhorar ao máximo o discurso: PREPARAÇÃO.

3. Devemos nos assegurar de que todo o ambiente é o adequado: a sala, sua acústica, luminosidade e temperatura, o mobiliário, os microfones, a iluminação, a documentação de apoio; resumindo, a organização logística. Quanto menos pontos de improvisação existam, mais focados estaremos na apresentação: AMBIENTE ADEQUADO.

4. A apresentação deve seguir uns padrões de design, tais como a duração conforme o previsto, a abertura e o encerramento como elementos de criação de interesse e o sumário das mensagens, e a correta concatenação da exposição de forma a seguir uma argumentação fácil de ser acompanhada, que seja atrativa, proponente e didática: ESTRUTURAÇÃO.

5. O correto emprego dos elementos de apoio visual, as técnicas de bom uso das ferramentas de informática de apresentações, as demonstra-

ções práticas do que está sendo apresentado devem ser empregadas com muito tato, de modo a serem sempre claras e compreensíveis, e servirem para fortalecer a palestra: AUDIOVISUAIS.

6. As técnicas de modulação de voz, vocalização, expressão verbal correta e o emprego dos silêncios para enfatizar são alguns elementos-chave do apresentador. Além disso, devemos fugir do tom monocórdio e fazer da palestra uma espécie de conversação com um amigo: ELOQÜÊNCIA.

7. As expressões facial e corporal são fundamentais para transmitir veracidade, convicção e entusiasmo. Nesse sentido, conta muito nossa aparência física e nossa roupa: IMAGEM PESSOAL.

8. O vocabulário a ser usado deve ser ameno, fugindo o máximo possível de palavras incomuns ou do jargão. Enfeitar a palestra com exemplos e anedotas facilita a transmissão da mensagem. Sejamos cordiais e elegantes ao mesmo tempo, sem cair no uso de palavras inadequadas. Um palavrão suave em uma reunião pode soar como uma bomba ao ser pronunciado em um palco. O emprego do humor é sempre bom, mas cuidado para não cair na palhaçada. Melhor cair nas graças do que ser engraçado: AMENIDADE.

9. Fugir da obviedade e evitar as mensagens muito gerais. O mais chato é ouvir o que já sabemos. Seja criativo e fale de coisas que a maioria desconhece, sejam dados ou reflexões próprias. Pense no que você mesmo, como parte do público, terá aprendido ao terminar a palestra: DIDÁTICA.

10. Tentar o colóquio com o público, dar a oportunidade de recolher comentários diretamente da nossa exposição, responder às perguntas e sempre pedir que ao menos nos dêem por escrito suas opiniões a respeito da apresentação em relação à forma e ao conteúdo, para poder aprender e melhorar em futuras apresentações. É muito importante não perder de vista o público e observar se realmente ele está vibrando: INTERATIVIDADE.

Como conclusão deste decálogo da boa apresentação, é preciso insistir se gostamos do tema que apresentamos e se o conhecemos em detalhes. Ao expô-lo com entusiasmo, nosso corpo e nossa voz nos apoiarão de forma natural para que o resultado seja positivo. Mas se, além disso, conhecemos as técnicas de oratória, o êxito está garantido.

E, sobretudo, devemos ter em mente que o objetivo de qualquer apresentação não é o esplendor do apresentador, mas que o público capte a mensagem e compre a idéia que queremos transmitir.

AS REGRAS DE OURO

1. Conhecer profundamente o tema.
2. Transmitir com entusiasmo.
3. Ser criativo e ameno.
4. Contar novidades úteis.

O pior defeito de uma apresentação:
O TÉDIO

Capítulo 1

Habilidades do apresentador

Neste capítulo veremos as qualidades que devemos possuir ou aprender para desenvolver uma boa comunicação para um auditório. Saberemos como melhorar a voz, a linguagem, a memória, a expressão facial e a corporal. Aprenderemos a ter capacidade de convencer e entusiasmar nosso público.

1.1. A *arte de falar bem em público*

Vamos começar esta seção resumindo as características ideais que devemos possuir para sermos mestres na arte das apresentações.

A personalidade do bom orador é a base do êxito da comunicação. Isso significa que se não temos uma personalidade avassaladora não seremos bons oradores? O caráter de líder é inato em alguns, mas sempre pode ser melhorado nos que não nascem com essa faculdade. Portanto, não devemos nos render se não tivermos o perfil de "sou o melhor", já que muitas coisas podem ser aprendidas e, com a prática, qualquer pessoa pode se transformar ao entrar no palco e oferecer essa imagem de campeão.

Vejamos como conseguir essa grande personalidade perante o microfone.

Em linhas gerais, quando estamos falando para nosso público, temos a obrigação de criar uma harmonia na sala, uma espécie de abraço cordial coordenando nossas palavras com as mentes receptoras do público. Para isso, é preciso ter sempre contato visual com o público e NUNCA ler o discurso. Ler as notas escritas diminui a credibilidade, enquanto as palavras saídas do coração sempre terão melhor acolhida. Além disso, empregaremos a distância mais curta possível entre nós e as pessoas que nos vêem e ouvem, além de usarmos nossa voz, usaremos também nosso olhar e nossas mãos como elementos transmissores da mensagem.

O objetivo não é se gabar do que sabemos, mas que o público entenda, assuma e se convença de nossa mensagem.

O público deve ver-se rodeado por nossa figura e por nossa voz, evitando, assim, a dispersão do pensamento para seus problemas cotidianos. Eliminemos qualquer ocasião de distração como objetos, ruídos, outras pessoas etc. Façamos com que se sintam cômodos, que entendam claramente nossa voz, que a temperatura do local seja ideal, que possam ler as projeções de apoio. Tentemos fazer com que nosso público escreva poucas notas sobre o que estamos dizendo, porque, enquanto fazem isso, saem da fixação visual em nós. Devemos assegurar que a documentação de suporte ao discurso esteja disponível o mais detalhadamente possível. É necessário fazer com que se sintam importantes por estarem entre nosso público e falar com eles como se se tratasse de um amigo. Evitemos a presunção e a arrogância.

Passear de forma comum, aproximando-se do público, mantendo uma postura ereta natural que facilite a respiração diafragmática e transmita segurança e controle, é uma forma de criar amenidade e aumentar a atenção. Em nossa aproximação, devemos olhar cada pessoa nos olhos, talvez até tocar em alguém, perguntando diretamente e recolhendo a resposta com o microfone; resumindo, fazer com que o público participe como parte da apresentação.

Em alguns momentos, podemos andar pelos corredores do público, mas essa aproximação deve ser muito breve, já que certas pessoas terão de girar para nos seguir e, além disso, nossa figura pode sair do foco da luz que, teoricamente, deve nos iluminar.

Precisamos ter personalidade e estilo próprios, sem imitar os outros. Não importa se cometemos algum erro de vocalização ou alguma pequena falha em uma frase, o importante é transmitir segurança, rigor, elegância e entusiasmo. Tudo isso se manifestará em uma maior atividade física em nossos movimentos e em uma maior intensidade em nosso olhar. Sejamos sinceros e honestos com o público e falemos também quais são os pontos fracos ou áreas para melhorar. A humildade sempre é agradecida.

Sempre devemos estar convencidos da exposição de idéias que estamos fazendo, com emotividade e firmeza, mas sem arrogância, com elegância e cordialidade, sendo amenos, mas não frívolos. Precisamos encontrar o ponto exato de equilíbrio que o tema e o público exigem.

Devemos ser didáticos e persuasivos; deleitar e comover. Mostrar nossa sabedoria sem pedantismo, mas com carinho pelo tema tratado. Não sejamos tímidos com nossas emoções, mas os gestos devem ser naturais; os gestos nos darão soltura e aumentarão a segurança em nós mesmos, o que relaxará e dará impulso até para nos manifestarmos de forma mais aberta e sincera. O efeito sobre o público é imediato.

Não critiquemos nem condenemos, evitemos as queixas e as frases negativas, demonstremos positivismo, apreço e admiração, e, se vamos expor uma deficiência de nossos concorrentes, devemos fazer com que o público tire essa conclusão como efeito de uma causa.

Em geral, é melhor que o público tire suas próprias conclusões a partir de nossas hipóteses e argumentos, em vez de as formularmos em voz alta. Quando as conclusões foram deduzidas pelas pessoas, são próprias, são nossas e, portanto, têm maior solidez em nossa mente do que se forem de outra pessoa tentando nos persuadir.

Assim como explicar uma piada tira toda sua graça, isso ocorre também quando explicamos uma reflexão ou teoria que pode ser deduzida intrinsecamente. Devemos fazer com que o público ative seus neurônios e tire suas próprias conclusões; assim se convencerá sozinho do que queremos transmitir.

As técnicas preparatórias devem nos fazer falar melhor de forma automática, mas, quando estamos frente ao microfone, já não é o momento de nos escutar para comprovar se vocalizamos bem; nossa atenção deve estar focada na mensagem a ser transmitida e em observar a atitude de nosso público.

Nossa imagem compõe-se do que fazemos e dizemos, mas também do que parecemos, do que não fazemos e de como dizemos as coisas. Isso influi diretamente no cérebro dos demais, forjando a opinião que se tem de cada um, criando a fama e a reputação que nos situa na sociedade.

O denominador comum de qualquer apresentação, em qualquer auditório, com qualquer tema e com qualquer mensagem, é o sorriso natural, que nunca deve se apagar do nosso rosto.

AS REGRAS DE OURO	
	1. Confiança em si mesmo.
	2. Conhecimento do tema a ser apresentado.
	3. Entusiasmo e persuasão.
	4. Veracidade e honestidade.
	5. Ter estilo e personalidade próprios.
	6. Ser criativo, positivo e humilde.

Nas diversas seções deste capítulo, desenvolveremos com mais detalhe as diferentes habilidades que precisamos melhorar para sermos mestres na arte de falar bem em público.

1.2. A *confiança em si mesmo*

Esta característica, tão desejada por todos em qualquer faceta da vida, é quase sempre uma linha assímptota nunca completamente alcançada. Se não estamos satisfeitos com a confiança em nós mesmos, não devemos nos render; devemos ser conscientes de que ninguém nasce sabendo e que qualquer objetivo parece sempre inalcançável, já que, se fosse o contrário, não seria um desafio digno de ser encarado.

Lembremos de quando começamos a dirigir, a nadar ou a andar de bicicleta. Depois de um período de aprendizagem, erros e perseverança, chega a tornar-se um hábito quase reflexo e simples no qual notamos essa tão desejada "confiança em si mesmo". Quando a prática de uma atividade se converte em hábito, costuma permanecer em nós durante toda a vida, inclusive depois de anos sem praticá-la: "quem tem, retém".

1.2.1. O medo do palco

Os seres humanos têm medo físico das atividades de risco e, graças a esse medo, a idéia de pular de uma escada em cima de um triciclo não reduziu a esperança de vida de nossa espécie; quer dizer, o medo é bom para evitar o mal maior.

Outros tipos de medo, que podemos chamar de psíquicos, tais como o medo ao ridículo, ao fracasso, a nossas próprias limitações, têm também seu lado positivo. Os profissionais que trabalham frente ao público, como os esportistas e atores, sofrem do chamado medo do palco que é o temor de fracassar diante de um grupo de pessoas. Desse mesmo sentimento sofrem os que se dedicam a fazer apresentações e são conscientes de que é preciso fazer um bom trabalho.

Falar em público é uma faceta que sempre, sobretudo no princípio de uma carreira profissional, implica certa dificuldade e, às vezes, parece impossível não sentir essa perturbação e esse nervoso que nos impedem de pensar com clareza e dominar a situação.

Os sintomas do medo de palco podem ser muitos: suor, nervosismo, gaguejo, voz apagada, estômago paralisado ou muito ativo, turvação e colapso mental; enfim, uma longa série de situações não muito apetecíveis.

Esse medo aparece na preparação, nos minutos antes de entrar, nos primeiros momentos da palestra e também se se produz algo imprevisto ou incontrolável.

1.2.2. Superação da angústia

O medo ou a angústia gera certo estresse que, sempre que for controlado, é bom para ficarmos ativos e atentos a nosso trabalho. Como no exemplo de pular da escada, o medo não é objetivamente ruim; portanto, devemos aproveitá-lo e assumi-lo, em lugar de nos esforçarmos para evitá-lo. Vencer o medo significa mais controlá-lo do que eliminá-lo.

Se nos assusta o fato de precisar falar em público, o primeiro que devemos fazer é encarar isso como um objetivo que devemos enfrentar e superar, como qualquer outro desafio de nossa vida. Para isso, vamos começar colocando "rodinhas" na bicicleta e dirigir as primeiras sessões a um pequeno grupo de pessoas de confiança, treinando, assim, as técnicas que desenvolvemos neste livro.

Quando nos apresentamos, devemos analisar o que fizemos errado e certo. Ajuda muito a opinião de alguém da platéia e, sobretudo, de uma pessoa que conhece a matéria. Devemos tentar reduzir os erros na próxima ocasião, mas também comemorar os êxitos. Uma boa idéia é colocar prêmios para nossas conquistas e conceder pequenos presentes materiais que nos façam recordar de que superamos etapas.

Quando nos atiramos de cabeça na piscina, atuamos com valentia e decisão, porque a água sempre vai nos receber de maneira refrescante e acolhedora. Nas apresentações, a água é o domínio do tema que vamos desenvolver. É, portanto, fundamental dedicar muito tempo a prepará-las em todos os detalhes. Nunca devemos nos cansar de ensaiar o discurso e, assim, a cada ensaio, vamos melhorando pouco a pouco.

A prática é sempre uma boa aliada, junto com o conhecimento de certas técnicas como a respiração, a vocalização, a inflexão da voz, as expressões facial e corporal, a preparação do discurso e dos apoios audiovisuais etc. No triunfo há muito de transpiração, quer dizer, de praticar e praticar.

Falar a um auditório com confiança e personalidade, sobre um tema interessante e inserindo valor em nosso discurso, consegue certo poder sobre o público, uma liderança. O sintoma claro de que está sendo bem feito é que o auditório se surpreenda quando o orador termine e o tempo da palestra pareça ter sido curto. Os comentários de aprovação dos participantes e o tão esperado e querido aplauso devem aumentar nossa confiança em nós mesmos. No princípio, devemos receber essas manifestações de apoio com entusiasmo a fim de aumentar nossa autoconfiança. Quando formos oradores reconhecidos, devemos passar para o lado oposto e sermos humildes com as mostras de admiração, porque podem produzir um efeito de pedantismo, o que acaba deixando uma marca muito negativa em nossa imagem.

A improvisação nunca é boa. O melhor improviso são muitas horas de preparação. Alguns apresentadores falam de oito horas de preparação para uma de discurso, mas achamos que não há regra matemática, já que algumas apresentações exigirão a leitura de vários livros e artigos, enquanto outras simplesmente exigem que ensaiemos a técnica e a correta concatenação das mensagens.

Para ganhar segurança e controle, podemos realizar exercícios em nossa vida diária voltados a conseguir mais autocontrole, como a respiração relaxada, a ginástica oriental, o domínio de nossas posturas e movimentos, além de procurar realizar nossas atividades de forma mais tranqüila. Por exemplo, escrevendo mais lentamente e melhorando nossa caligrafia; essa disciplina está muito relacionada com o estado de ânimo de forma bidirecional; quer dizer, escrevemos mal quando estamos nervosos, e escrever mal nos deixa assim. Outra prática aconselhável é não se coçar de forma imediata quando sentimos coceira; agüente contando até 20 e vamos perceber que ela desaparece sozinha, na maioria dos casos.

Um caráter fleumático está mais ligado, pelo menos na teoria, à segurança em si mesmo do que um caráter nervoso ou colérico. Se somos mais propensos à emotividade e os sentimentos às vezes nos dominam, o nervosismo que geramos pode nos dar insegurança. Nesse caso, devemos nos esforçar mais do que os outros na realização de exercícios de relaxamento e controle como os descritos anteriormente, já que, embora seja impossível modificar nosso caráter primário, é factível dominar nossas manifestações externas com a prática.

Se somos obstinados e assumimos que sempre cometeremos erros nas primeiras apresentações, chegaremos a superar os medos e a dominar o palco, o que nos levará a uma sensação de comodidade e, inclusive, a notar a admiração e o reconhecimento do público enquanto falamos. Mas se o coração se acelera bastante antes de entrar no palco, mesmo quando já fazemos apresentações há 20 anos, não é preciso se preocupar muito; isso significa que ainda estamos vivos.

AS REGRAS DE OURO

1. Ensaiar e praticar o discurso.
2. Estudar em profundidade o tema a tratar.
3. Colocar a palestra como um desafio profissional.
4. Fomentar o autocontrole.

1.3. A *assertividade*

Muito relacionado com a obtenção da confiança em si mesmo está nosso comportamento ou a atitude que temos no dia-a-dia frente a qualquer situação que se produz, sobretudo aquelas que supõem algo inesperado, uma ruptura da monotonia cotidiana ou quando devemos tomar alguma decisão.

De uma maneira geral, poderíamos dividir o comportamento humano em três modalidades: o passivo, uma atitude indiferente ou de fuga frente aos problemas; o agressivo, como forma de impor nosso critério com violência; e o racional e mais recomendável de todos, que chamamos de comportamento assertivo.

A assertividade pode ser definida como a defesa de nossos direitos pessoais em um ambiente de respeito aos direitos dos demais. Exercer um comportamento assertivo na vida diária cria uma grande confiança e segurança em si mesmo.

Os direitos assertivos são todos aqueles que derivam de nosso livre arbítrio como seres humanos maduros e responsáveis. Os mais importantes que podemos mencionar são:

1. **Dizer NÃO.** Manifestar com clareza e firmeza que não faremos algo que não queremos. Muitas pessoas têm um sério problema quando precisam se negar a realizar uma proposição de outros e preferem evitar o apuro de expressar uma negativa, o que lhes produz certo desassossego e um grande descontentamento por não serem capazes de enfrentar de forma aberta e dizer claramente NÃO.
2. **Mudar de opinião.** Pode parecer falta de compromisso ou insegurança, mas o ser humano tem total direito de mudar de opinião e agir a partir disso.

    Quando exercemos qualquer um desses direitos, sentimo-nos quase obrigados a dar explicações por que estamos dizendo não ou por que mudamos de opinião. Devemos pensar que não somos obrigados a dar explicações no exercício de nossos direitos assertivos, mas, se explicamos os motivos dessa nossa atitude, devemos assegurar às pessoas que agimos de acordo com nossos desejos e nunca por debilidade de caráter ou porque estamos sendo obrigados a isso.
3. **Exigir ou reclamar** aquilo que, por lógica ou justiça, nos é devido. Se algo está errado, podemos e devemos exercer sempre esse direito, embora às vezes seja mais cômodo a passividade ou a fuga. Precisamos nos acostumar a pedir a folha de reclamações quando estivermos convencidos de nossa razão.

4. **Não aceitar imposições** gratuitas segundo nossos critérios. A escravidão foi abolida, afortunadamente, há séculos, e somos cidadãos livres em um estado de direito. Inclusive no ambiente de trabalho temos direitos como profissionais e nunca devemos deixar que sejamos pisoteados.
5. Qualquer outra atitude que signifique exercer a liberdade de expressão, de pensamento e de comportamento dentro do marco legal e respeitando os demais.

Para demonstrar com nossas expressões corporal e facial que estamos dispostos a exercer esses direitos assertivos, devemos manter uma atitude fixa em nosso interlocutor, empregando uma linguagem pausada e clara, mas enérgica e firme na exigência de nossos direitos, de maneira a manifestar nossa absoluta resolução de exercê-los custe o que custar.

Se empregamos a fleuma e a educação, e não nos deixamos arrastar pela agressividade de nossos oponentes, o êxito estará garantido, não só na obtenção do que queremos conseguir, mas – e isso é muito mais importante – porque ficaremos contentes com nossa postura, já que conseguimos alcançar nosso objetivo com energia e educação.

Essa forma de atuar necessita de exercícios práticos com perseverança, sobretudo se não conseguimos atuar assim antes. É, portanto, recomendável que comecemos a ser assertivos em toda oportunidade que surja, dizendo "não" abertamente quando algo não nos agrada ou fazendo uma reclamação com seriedade e firmeza.

A assertividade é muito útil ao apresentador, não só como forma de ser mais seguro e estável emocionalmente, mas para trabalhar com situações inesperadas durante a palestra, como erros nos sistemas audiovisuais ou intervenções espontâneas de alguém do público. Também é muito prático usar o comportamento assertivo nas sessões de perguntas e respostas, demonstrando resolução sem esquecer da cordialidade em nossas intervenções.

AS REGRAS DE OURO

1. Sejamos assertivos em nosso comportamento cotidiano.
2. Temos direito a reclamar, dizer não, mudar de opinião e exercer nossa liberdade de critério.

1.4. A *voz*

Este é o elemento físico que dá suporte à palavra e ao discurso. Está baseado na emissão de ar através das cordas vocais situadas na garganta. Seu cuidado e funcionamento devem ser objeto de atenção de qualquer apresentador, para adaptá-la a cada matiz da palestra, às características acústicas da sala e a nossa morfologia fisiológica.

O timbre da voz é a primeira característica que é notada pelo público e, se o nosso é feio, parece que não teremos êxito como apresentadores. No entanto, a história demonstra que grandes políticos tinham voz aguda e alguns grandes oradores eram, inclusive, gagos; portanto, não devemos nos preocupar muito com o timbre – se for bonito, nos ajudará, mas, se for feio, podemos compensar com outras habilidades.

Se o som da nossa voz é o ar que sai da nossa boca, devemos dispor de ar suficiente para que cada frase possa ser transmitida corretamente. Observemos que muitos oradores terminam sempre suas frases com quedas no volume da voz, por causa do pouco ar que sobra nos pulmões em certos casos. Portanto, devemos ter reserva de ar em nossa cavidade pulmonar, assim é recomendável ensaiar lendo um texto sem respirar fundo e marcar o número máximo de sílabas que podemos dizer de forma contínua, com uma velocidade pausada e com reserva de ar suficiente para acabar a frase com o volume alto. É importante conhecer nosso limite de palavras e não forçá-lo.

Devemos aprender a respirar pelo nariz. A respiração nariz-estômago é natural na infância e muda inconscientemente ao redor dos sete anos de idade. Assim, se adotamos outra vez essa forma de respirar, nosso organismo adquirirá esse costume em uns 15 dias, aproximadamente, e se tornará um hábito automático.

Exercitemos a respiração estomacal durante cinco minutos antes de dormir e ao despertar, respirando sempre pelo nariz (o ar entra mais limpo do que pela boca), enchendo nosso abdome frontal e lateralmente de forma que tudo ao seu redor contenha ar e soltando-o também pelo nariz em um tempo mais longo do que o empregado ao inspirar. Realizando esse exercício lentamente, conseguiremos relaxar e teremos o hábito de reter muita quantidade de ar, o que será fundamental na pronunciação de um discurso.

A voz é a vibração das cordas vocais que ressoa na cavidade boca-nariz, tensas em maior ou menor grau para reproduzir os sons graves e agudos. Para que nossa voz tenha alcance, devemos fazer com que ressoe na parte frontal de nosso rosto; e, para isso, podemos tentar produzi-la no nariz. Essa faculdade é chamada de impostação de voz. Podemos exercitar lendo este capítulo em voz alta e lançando a voz em direção a nosso nariz como se pronunciássemos a letra "m".

Para dar inflexão à voz, isto é, subir ou baixar sua intensidade para acompanhar o discurso, devemos utilizar o diafragma e nunca a garganta. Quer dizer, devemos impulsionar mais ou menos ar a partir do estômago. Se forçamos a garganta, acabaremos afônicos em menos de dez minutos. Além disso, convém fazer uma pequena massagem na garganta antes de começar, passando suavemente os dedos pela parte anterior do pescoço, de baixo para cima, em torno da traquéia. Os músculos do pescoço são os que criam tensão nas cordas vocais e é bom tonificá-los como em qualquer outra atividade física.

Um apresentador deve cuidar da voz, evitando forçá-la e fugindo do tabaco, do álcool, da falta de sono, das correntes de ar, do frio, do calor, da fumaça e da poluição. É conveniente sempre ter à mão água ou balas sem açúcar de qualquer sabor menos menta, já que esta produz efeitos negativos em nossa garganta. Também o mel e as vitaminas favorecem a boa voz. Essas circunstâncias irão nos fazer variar o timbre de voz a um som mais amplo harmonicamente e, portanto, mais agradável ao público.

Devemos evitar sempre o pigarro, as tosses e os espirros fortes, falar enquanto praticamos esportes e conversar de forma monótona sem flexionar a voz. Um exercício conveniente é limpar a voz com água morna, falando para dentro e respirando lenta e profundamente.

Estar de pé favorece sempre. Falar sentado, com o diafragma comprimido, é mais difícil; de fato, podemos comprovar que o esforço de cantar sentado é muito duro. Estando de pé, convém manter a postura ereta, mas sem estufar o peito; a postura deve ser natural e cômoda.

Para matizar e vocalizar corretamente, devemos articular bem os músculos faciais, abrindo a boca o suficiente para que nos entendam corretamente. A vocalização deve ser enfatizada diminuindo a velocidade da fala, sobretudo nas salas com reverberação ou eco. Os ensaios prévios no local da palestra e com os microfones instalados permitirão a correção desses detalhes. Vocalizar excessivamente, quer dizer, forçando demasiadamente os músculos faciais, é muito cansativo e transmite uma imagem um tanto grotesca do orador; portanto, sejamos moderados com esses gestos.

A força na língua, nosso músculo mais forte, ajuda-nos a pronunciar corretamente. Um exercício prático para fortalecê-la é pronunciar a letra r, aumentando paulatinamente o volume do som. Dizer "rrrrr" é muito bom para conseguir esse objetivo.

Assim como na música, os silêncios são quase tão importantes quanto os sons. Usemos as pausas inteligentemente junto com a entonação da voz, para criar o ambiente coordenado para nossas mensagens, dramatizando cada frase na justa medida. Não podemos manter um discurso com o mesmo tom de voz, sem enfatizar as partes importantes. Uma boa prática é ler em voz alta uma peça de teatro com carga emotiva, reproduzindo o sentimento dos personagens, a surpresa, o gosto, a ordem, o susto, a alegria etc. Outro exercício é dizer uma mesma frase com diferentes tons: tímido, alegre, crítico, zangado, irônico, asséptico ou descuidado.

Em certas ocasiões, é mais importante "como" do que "o que" se diz. Manipular as habilidades deste instrumento tão versátil que é nossa voz permitirá projetar nossas idéias com maior capacidade de convicção.

AS REGRAS DE OURO

1. Faça exercícios de respiração.
2. Projete a voz até o fundo da sala.
3. Fale devagar e vocalizando com naturalidade.
4. Module, enfatize, sussurre e cale.

1.5. A *linguagem e a eloqüência*

A linguagem é o meio da comunicação humana por excelência; é o conjunto de palavras e regras gramaticais que nos permite transmitir idéias, definir conceitos, avaliar termos e dialogar com nossos semelhantes.

O emprego da linguagem é sempre uma tarefa criativa, já que nossa mente deve transformar os pensamentos em sons, respeitando as regras do idioma, usando as palavras de forma bem estruturada para a correta compreensão do que queremos expressar.

O idioma que falamos é também o veículo de nossos pensamentos e, às vezes, a prisão em que nossas reflexões acontecem. Eu o chamo assim, de prisão, já que supõe uma limitação na forma de pensar e, portanto, de nos expressar. O uso do subjuntivo no idioma espanhol permite recriar situações hipotéticas de forma mais ampla e rica do que quando pensamos em inglês. O uso das declinações no idioma alemão também permite especificar mais claramente as diversas situações. E o fato de colocar as partículas negativas ou interrogativas no final da oração faz com que o japonês espere até o final da frase para saber a intenção de quem está falando.

O significado das palavras é único, segundo a definição do dicionário, mas, às vezes, e segundo o contexto da frase, difere do conceito geral e surgem as chamadas conotações ou significados particulares. Além disso, segundo as culturas, podemos usar uma mesma palavra ou frase com distintos significados. Por exemplo, a afirmação ou negação na Europa costuma ser categórica, diferente dos países orientais, onde existem muitos matizes e formas de entender um sim ou um não.

O uso correto da linguagem é uma habilidade em tempo real, fruto dos reflexos mentais empregados no trabalho de transformar as idéias em palavras.

Existem intensificadores das idéias, ou elementos que enfatizam as mensagens. O emprego correto dos adjetivos qualificativos permite acentuar, em algum sentido, o valor dos substantivos, mas há também outras maneiras de fazê-lo, como a colocação de dados dentro da frase ou o emprego de frases exclamativas ou interrogativas. Por exemplo, se dizemos "o grasnar do pato não produz eco", não parece um dado muito surpreendente; mas, se dizemos "vocês sabem que o grasnar do pato é o único som que não produz eco e ninguém sabe por quê?", intensificamos a informação e com certeza isso será mais fácil de recordar.

1.5.1. A *fluidez de nosso discurso*

A eloqüência ou facilidade da palavra é, portanto, uma característica fruto da rapidez mental e da agilidade do orador. É a fluidez com que saem as palavras de nossa boca de forma espontânea que se denomina, em certas ocasiões, ter astúcia.

Uma característica dos apresentadores medíocres é a constante busca pela palavra a ser pronunciada, acompanhada de interjeições ou sons guturais.

O público começa a pensar na palavra correta como se quisesse enviá-la por telepatia ao orador, mas em seguida acaba perdendo a atenção e o interesse pelo discurso. Precisamos ter as palavras na ponta da língua, dispostas a sair de forma contínua.

Há pessoas que, de forma natural, possuem essa vantagem, mas, na maioria das vezes, uma boa declamação ou dialética é resultado de muita leitura para adquirir um bom vocabulário, observar como fazem outros apresentadores e, como sempre, colocar entusiasmo no tema do qual se fala.

Para aumentar nosso vocabulário, podemos pesquisar palavras novas, anotando seus significados e empregando dicionários de sinônimos ou tesauros que tragam mais palavras a nosso léxico. Hoje em dia, podemos enriquecer nosso vocabulário graças à Internet. Podemos usar os buscadores da rede e os *sites* dedicados a sinônimos, antônimos e citações de personagens famosos. Dessa forma e em pouco tempo melhoraremos nossa eloqüência.

AS REGRAS DE OURO

1. Pronunciar corretamente e de forma simples.
2. Usar uma linguagem clara, especificando conceitos.
3. Ter um amplo vocabulário.

1.5.2. Clareza de exposição

A linguagem clara supõe a exposição de conceitos e dados de forma precisa, com os detalhes necessários para sua correta localização, de forma que, além de sermos entendidos corretamente, aumentamos a credibilidade de nossas palavras. Por exemplo, é útil incluir dados temporais e de localização dos fatos: "Ontem, às oito da noite, na Praça da Espanha, aconteceu...".

Para sermos claros, devemos colocar em prática uma alta capacidade de análise, quer dizer, generalizar os conceitos e desmembrá-los em argumentos ou critérios, examinando cada atributo ou característica. Também devemos fazer uma boa síntese, que significa a capacidade de resumir e concretizar em conclusões breves qualquer exposição. Se fizermos isso de forma inteligível e concatenada, estamos perante o que chamamos de um discurso bem estruturado.

Um exercício interessante é sintetizar nossa apresentação de meia hora em um breve discurso de apenas dez minutos e na chamada conversa de elevador, quer dizer, sermos capazes de repeti-lo a um companheiro durante o tempo que demora o elevador em chegar a nosso andar. Essas sínteses irão nos fazer ver o que é realmente importante, a grande mensagem que queremos comunicar, aquilo que é novidade e causa impacto. A partir destes resumos poderemos remontar a estrutura da apresentação.

1.5.3. Defeitos de nossas palavras

Para melhorar nossa dicção, devemos tentar evitar palavras e frases que tirem a veracidade e a elegância do discurso, como:

- Palavras inventadas.
- Anglicismos.
- Jargão complicado do setor.
- Siglas excessivas.
- Frases complicadas de se entender.
- Cacoetes e interjeições.

Existem vícios de linguagem, quer dizer, palavras que inclusive se espalham na sociedade mas que são incorretas, assim como modismos mal aplicados e as cada vez mais comuns palavras do inglês. Há, inclusive, aqueles que as dizem para mostrar seu conhecimento de idiomas, mas que só produzem presunção. Temos um idioma suficientemente rico para evitar o uso de uma verborréia cafona que nada tem a ver com um discurso natural, por isso devemos ter à mão o dicionário durante a fase de preparação para evitar o uso desses vocábulos indesejáveis.

Outro defeito habitual é o uso indiscriminado do jargão típico da atividade relacionada com o discurso. Mesmo que a palestra seja feita para profissionais do setor, devemos tentar usar uma linguagem mais comum e simples, que favoreça a compreensão das idéias, sobretudo porque sempre há pessoas que não conhecem perfeitamente o significado de certas palavras ou alguns conceitos.

As siglas e os acrônimos são muito populares na atualidade, mas sempre existe a dúvida sobre seu significado correto, sobretudo se o público presente não os conhece. Se precisamos usá-los, é sempre bom explicar o que significa cada letra de forma breve, mas precisa e, em geral, devemos tentar evitá-los, empregando uma linguagem menos técnica.

Às vezes, o nervoso nos faz usar cacoetes de forma inconsciente. Em uma apresentação de 30 minutos, um querido companheiro e grande comunicador disse 23 vezes a frase "neste sentido" e, ao acabar, negou que a tivesse pronunciado uma única vez. Efetivamente, ele estava absolutamente surdo aos seus próprios cacoetes, fato muito comum e que deve nos colocar ainda mais em guarda perante esses defeitos.

Outros cacoetes que soam mal são os típicos "ah?", "certo", "sim?" ou a ainda pior "estão entendendo?". É claro que entendem, sempre que se fale corretamente; os ouvintes não são tontos. Uma receita para evitar os cacoetes é gravar a palestra (ficamos surpresos ao nos ouvir pela primeira vez!). Nessas ocasiões, somos nossos piores críticos. Outra forma de evitar essas manias da fala é perguntar a um amigo que nos escutou e receber seu comentário com total aceitação e propósito de melhorar.

1.5.4. Defeitos de nossas frases

Os mais comuns nas apresentações são:

- Exposição de forma incoerente e pouco firme.
- Repetição irracional de palavras, balbuciação.
- Vulgaridade e grosseria.
- Rudeza.

A correta composição sintática das frases é vital para a compreensão e a continuidade do discurso. O emprego de orações compostas e modos passivos pode nos levar, às vezes, a becos sem saída em que o público e o próprio apresentador perdem o fio do argumento. Podemos pensar que estamos falando com nossa querida avó a quem é preciso facilitar muito as coisas; usemos um "quero dizer..." e expliquemos de forma mais simples aquilo que tenha ficado obscuro. Se falamos de forma incoerente, nosso público começará a pensar em outras coisas.

Gaguejar, balbuciar ou repetir algumas palavras ou frases de forma reiterada produzem uma sensação de insegurança e inclusive de falsidade que em nada favorece a apresentação. Se as pessoas que têm esse defeito calibrassem bem seu efeito, solicitariam os serviços de um logopedista de forma urgente e intensiva. Quando a balbuciação não se produz na conversa normal, mas só ao subir no palco, normalmente é fruto do nervoso ou da falta de preparação e convencimento sobre o tema a expor. Com a prática e as técnicas respiratórias, e sendo honestos com nosso público na veracidade do que estamos expondo, é possível eliminar esse defeito.

Cair na linguagem vulgar e grosseira é bastante deplorável. Alguns apresentadores caem no erro de soltar até algum palavrão para parecerem simpáticos ou conseguirem a aceitação do público. O efeito conseguido é a queda vertiginosa da imagem da pessoa no nível do subsolo, com a conseqüente perda da capacidade de convencimento da mensagem. Quando estamos em um palco, devemos preservar a linguagem em um plano afável e cordial, mas nunca deselegante ou capaz de despertar sensações negativas e de oposição.

Ser excessivamente categórico e empregar uma linguagem rude tampouco é recomendável, além de ser pouco prático. Se partimos de uma atitude cordial, sem pedantismo e prepotência, é melhor empregar os "possivelmente, parece-me que, eu recomendaria" que sempre aconselham, mas nunca ordenam e mandam. Em alguma ocasião, empregaremos a asseveração sem discussão, mas que seja uma ou duas vezes no máximo; assim, se o resto da linguagem é mais suave, a frase dita imperativamente gozará de maior relevância.

1.5.5. Como aumentar a memória

Uma faculdade que melhora nossa eloqüência é exercitar e aumentar nossa memória que, como qualquer outra característica humana, necessita de treinamento, se queremos que renda mais. Incluir em nossa apresentação dados e citações de memória, sem lê-las em nenhum lugar, favorece nossa liderança como apresentadores. Existem manuais e conselhos práticos para aumentar nossa memória, mas todos eles exigem muita disciplina e perseverança; quer dizer, não há uma fórmula mágica, mas, para ter uma boa memória, é preciso praticar muito certos exercícios.

Para aumentar a memória, podemos associar dados ou palavras com imagens de forma divertida ou grotesca. Nossa mente irá se lembrar melhor dessas fotos mentais simpáticas que construímos. Somos capazes de recordar milhares de cenas de filmes que já vimos, mas é muito difícil saber de cabeça dez números de telefone. Nossa mente é gráfica, então é melhor trabalhar com imagens do que dados.

As regras mnemotécnicas também funcionam. Se associamos siglas ou números com palavras, frases engenhosas ou datas bem conhecidas, acabará sendo simples recordá-las a todo momento. Essa coordenação de palavras é útil para enriquecer nosso vocabulário.

Outra técnica é a repetição em voz alta, como fazem muitos estudantes e atores, de forma a que o ouvido e a vista recolham os dados ao mesmo tempo. Pode-se aumentar a memória inclusive na maturidade, quando as falhas nos frustram e são associadas com um declínio fisiológico. O que ocorre é, simplesmente, que o saber ocupa lugar em nossos neurônios e já temos muitas lembranças acumuladas; no entanto, o cérebro sempre está infra-utilizado e, apesar de sabermos muitas coisas, ainda cabem muitas mais.

Como conclusão aos conselhos de como melhorar nossa eloqüência, não devemos empregar palavras de difícil significado ou frases que requeiram um esforço mental para sua compreensão. O pedantismo tira muitos pontos do discurso. O estilo atual é uma linguagem comum e simples, com riqueza de palavras normais, com frases elementares, mas que carregam dentro de si um alto significado, que tragam informações que enriqueçam nosso conhecimento, que nos levem a tirar nossas próprias conclusões e que, inclusive, nos façam agir.

1.6. A *elocução*

Se a eloqüência é a facilidade da palavra, a elocução pode ser definida como a forma de falar, em um estado superior ao uso das palavras, quer dizer, mais relacionado com o estilo pessoal do orador. Está relacionada com a articulação que damos às palavras, à pronunciação e a nosso sotaque, além do estilo conversacional.

Se temos um sotaque que pode não agradar muito ao público, ou se pronunciamos de forma incorreta, por exemplo, comendo os "s" das terminações no plural, devemos corrigir esses aspectos para evitar certo repúdio advindo de preconceitos que possam haver em certas pessoas da sala ou simplesmente pelo dano acústico que possam criar nossas palavras.

1.6.1. Tom e volume

Ao articular as palavras e frases, podemos falar com tons graves, agudos, de forma monótona, empregando sempre o mesmo tom de voz, ou variando segundo seja conveniente. É conveniente fugir do monótono e usar a freqüência harmônica para amenizar o discurso.

A tonalidade natural de nosso timbre, em relação à voz mais aguda ou grave, depende do sexo e de certas características fisiológicas difíceis de modificar, mas isso não nos deve preocupar muito, a não ser em casos extremos.

O volume é a intensidade do som de nossa voz, a potência sonora medida em decibéis e pode ser amplificado por meios eletrônicos. Apesar disso, nota-se perfeitamente quando o volume da voz é natural ou artificial. Um volume alto natural traz credibilidade, carisma e liderança a seu possuidor. Portanto, devemos empregar um pouco mais de potência quando entrarmos no palco do que na conversação coloquial.

Assim como no tom, o volume deve ser dinâmico ao longo da palestra, passando de baixinho a normal ou forte segundo a ênfase da mensagem ou a intencionalidade das palavras. Uma frase pronunciada com voz alta produz um impacto de afirmação, mas, se a sussurramos como se fosse uma confidência, pode conseguir a atenção da sala, que deve forçar o ouvido; depois, podemos usar um amplo espectro de intensidades acústicas ao longo da palestra.

Tom e volume são armas de nossa voz que enfeitam a mensagem e reforçam o interesse e a motivação de nosso público.

1.6.2. Dialética e locução

Esta característica da forma de falar muda como a moda. Consultando livros de oratória de dez anos ou mais, encontramos a defesa de um estilo floreado e veemente que agora seria tachado de brega e exagerado. Se víssemos os grandes oradores do século XX, talvez ficássemos desiludidos com suas falas rocambolescas. Agora, sobretudo em apresentações em empresas, o melhor é o tom coloquial natural, como se estivéssemos falando com dois ou três amigos em uma reunião espontânea, mas a um volume um pouco mais elevado.

A entonação geral de nossa palestra pode e deve variar segundo o auditório e o tema a tratar. Com grupos numerosos de pessoas, podemos empregar uma tonalidade um pouco mais grandiloqüente, embora só em pequenos matizes, para não parecermos prepotentes. Nesses grandes auditórios, a alta densidade de público produz um efeito de aceitação do *show business* que em outros ambientes seria quase rechaçado, assim podemos permitir alguma piada sutil sempre que não seja uma palhaçada.

As apresentações a grupos reduzidos com menos de 20 pessoas devem ter uma modulação muito mais natural, quase como se contássemos confidências pessoais. Nesses fóruns, pode ser mal visto ficar se gabando dos bons resultados de nossos produtos; é melhor que o público chegue a essa conclusão a partir de nossa argumentação. No entanto, mencionar nossa posição no mercado quando estamos frente a um grande auditório não é tão ruim como durante uma visita a um cliente.

Existe a tendência a converter-se em outra pessoa quando subimos ao palco e agarramos o microfone; alguns chegam a se converter em um Mr. Hyde e falam de forma forçada. Essa transformação é muito notada se, ao final da palestra, há uma sessão de perguntas, na qual Mr. Hyde se converte em Dr. Jekyll de novo.

A aplicação de todas as técnicas da declamação e da oratória deve ter como resultado a naturalidade. O discurso deve ser como uma conversa com uma pessoa do público; portanto, pode e deve incluir perguntas diretas. Podemos parar nossa exposição e fazer um parêntese com comentários marginais. Podemos pedir que levantem a mão aqueles que queiram comentar alguma coisa sobre o que acabamos de expor. Devemos dialogar de forma natural, com espontaneidade, deixando-nos levar pelas idéias que queremos transmitir. É importante empregar a chamada linguagem conversacional.

1.6.3. A *intensidade e a ênfase*

Podemos enfatizar as palavras importantes, mas devemos pensar que as mensagens principais em uma apresentação de 30 minutos não devem ser mais do que três; quer dizer, as coisas importantes devem ser poucas. A apresentação, como qualquer conversa, deve ter altos e baixos de tonalidade e variações na velocidade da fala. Assim, ela será mais amena e fácil de seguir.

Façamos silêncio antes e depois de uma mensagem importante e inclusive podemos repeti-la, se for necessário, para aumentar a asseveração da frase. Se fazemos uma pergunta, devemos manter um pequeno silêncio como se esperássemos uma resposta e podemos ajudar o auditório com algum gesto facial ou corporal que lhe dê pistas sobre qual é a resposta adequada. A reiteração e o dramatismo ajudam a captar a importância que damos às coisas.

A importância percebida é também fruto do tempo que empregamos na explicação de algo. A vivacidade ou intensidade em nossas palavras e em nossa expressão facial, junto com uns minutos de dedicação ao tema, sublinharão que "isso" é importante.

Enfatizar um conceito com uma frase engenhosa de alguém de reconhecido prestígio aumenta a amenidade da palestra e pode fazer com que as pessoas se lembrem melhor do que queremos transmitir. Também podemos contrastar conceitos e buscar histórias breves que reflitam nossas mensagens. Fábulas, contos, parábolas sempre foram o segredo do êxito dos grandes comunicadores. As histórias com moral implícita ou explícita podem obter resultados assombrosos.

Devemos tomar cuidado com esse estilo coloquial para não ultrapassarmos o limite e cairmos na vulgaridade ou na frivolidade. Alguns apresentadores, levados pela oratória, chegaram a soltar palavrões ou contar citações e histórias de verdadeiro mau gosto. Devemos ser amenos e cordiais, mas nunca grosseiros nem cafonas. As frases de bar não são dignas da empresa que representamos e, sobretudo, não dizem nada de bom sobre nós.

Para nos exercitar nessa forma conversacional de apresentar, podemos ler em voz alta um artigo da imprensa e tentar reproduzi-lo como se se tratasse de um diálogo entre várias pessoas, mas com naturalidade, sendo nós mesmos, como se estivéssemos contando a um amigo.

AS REGRAS DE OURO

1. Falar coloquialmente com espontaneidade.
2. Ser elegante e ameno, usando uma linguagem simples.
3. Enfatizar com intensidade, durante o tempo necessário.

1.7. A *expressão corporal*

O corpo é um grande transmissor de idéias e sentimentos. A escultura e a pintura encontraram na representação humana um de seus principais elementos de expressão para transmitir todo tipo de estados de ânimo. O cinema mudo ou a dança permitiram que o corpo em movimento acrescentasse matizes à expressão corporal, até conseguirem que o público se comova e capte sensações até mesmo sublimes, sem a intervenção da palavra.

Por isso é tão importante que nosso corpo possa ser visto pelo público. Os suportes opacos, as mesas ou qualquer outro obstáculo material entre o público e o apresentador criam barreiras psicológicas, separam mentalmente e dificultam a comunicação. O bom orador procurará estar o mais perto possível do público, passeando entre as pessoas que o escutam e sempre próximo física e mentalmente para "colocar o público no bolso".

Rodear os ouvintes para concentrá-los em nossa mensagem é o principal objetivo a cumprir. Para isso, é preciso procurar que estejam o mais próximos possível entre si. Se prevemos que a sala vai ter muitas cadeiras vazias, devemos tentar concentrar o público em uma área próxima ao palco. Depois, podemos tentar usar a sala como o espaço que devemos dominar, mostrando-nos a partir de vários pontos e dominando os terrenos. Passear pelo palco obriga o público a movimentar a cabeça e transmite controle e segurança; faz com que ele se sinta "rodeado" por nossa mensagem.

No movimento corporal, é preciso fugir dos passos curtos e nervosos que às vezes dão a impressão de uma imperiosa necessidade fisiológica no orador; é preciso evitar o exagero nos movimentos, que pode terminar com a imagem de líder e combiná-los com os pontos principais do discurso, sincronizando-os adequadamente com as distintas partes da apresentação. Mover-nos de forma automática, descontrolada e sem obedecer a uma expressão corporal clara distrai muito o público e costuma ser reflexo dos nervos do apresentador.

1.7.1. A roupa

A roupa do orador é um detalhe muito importante; devemos escolher aquela que esteja em consonância com o tema da palestra e com o ambiente da sala, público, geografia e climatologia. Em geral, convém que nosso vestuário passe despercebido, a não ser em casos em que queiramos que forme parte do elemento surpresa da palestra. E se não temos muito claro como nos vestir, a regra a ser seguida é: melhor ser elegante do que mal vestido.

Nossa roupa não deve distrair o público e é recomendável passar pelo espelho de qualquer lavabo perto do palco uns minutos antes de nos apresentar, para comprovar que tudo está no lugar e que a nossa imagem é a correta. Devemos evitar o paletó desabotoado, a roupa amassada ou a terrível e chamativa mancha que diminuirá nossa figura.

Evite os óculos escuros que ocultam seus olhos e tira muita expressividade facial, assim como acessórios que chamem muito a atenção e distraiam o auditório.

1.7.2. As mãos

Talvez o elemento mais importante de expressão corporal para um orador seja as mãos. Com elas, podemos descrever objetos, lugares e idéias. Não podemos esquecer de que muitas pessoas usam somente as mãos para se comunicar. O uso correto delas, sincronizado com a palavra, reforça tremendamente a mensagem.

Observemos como os grandes políticos de merecido prestígio usam as mãos em seus discursos. Os gestos realizados com os braços e os dedos transmitem mensagens que aumentam a credibilidade de nossas palavras.

A ênfase nos pontos-chave de nossa exposição sempre deve estar acompanhada de um apoio firme de nossas mãos. É, portanto, recomendável ter as duas sempre livres, evitando, assim, objetos como microfone (melhor os sem fio presos na roupa); a típica caneta ou apontador para assinalar algo (esses objetos atraem a vista do público; é melhor assinalar com as mãos) a não ser que precisemos de uma caneta laser por estarmos distantes do telão; mas, depois de usá-lo, devemos guardá-lo no bolso e deixar as mãos livres.

Alguns exemplos do emprego das mãos:

- Reforçar uma afirmação com um punho cerrado na altura do peito.
- Contar com os dedos uma série de características.
- Assinalar diretamente uma frase no telão.
- Abrir os braços, abraçando um conceito.
- Elevar uma mão enquanto perguntamos quem pensou em tal coisa.
- Descrever o tamanho de algo com as mãos separadas.
- Assinalar uma direção estratégica com a mão estendida para frente.
- Elevar os ombros para transmitir indiferença ou dúvida.
- Reafirmar algo golpeando uma mão aberta com o canto da outra.

A clássica figura do apresentador com as mãos enfiadas no bolso da calça transmite indiferença e não reforça em nada as nossas palavras. Tampouco é aconselhável cruzar os braços: é uma postura defensiva e transmite receio e separação. Mãos sempre à vista. Devemos falar com elas.

> **AS REGRAS DE OURO**
>
> 1. Cuidar de nossa imagem e roupa.
> 2. Aproximar-se do público.
> 3. Mover-se pausadamente dominando o espaço.
> 4. Falar com as mãos.

1.8. A *postura*

A postura do orador deve ser sempre de pé e ereta. As clássicas conferências realizadas por um orador sentado atrás de uma mesa não criam um ambiente de atividade propício para levantar o público das cadeiras. Se abaixamos a cabeça, oferecemos uma imagem de debilidade ou de pouco convencimento. O apresentador deve manter uma posição firme mas não rígida, transmitindo com seu corpo a veracidade e a grande relevância de suas palavras.

Quando estamos diante do público, devemos manter uma postura que transmita segurança, entusiasmo e energia. Isso é, para muitos, algo diferente de nossa postura habitual e supõe realizar um esforço, exagerando a atuação para conseguir passar a imagem desejada, o que é cansativo e fica evidente para todos.

É necessário que a postura do apresentador seja natural como em nosso dia-a-dia; para isso devemos mudar nossa forma de caminhar e de ficar de pé ou sentados. Essa mudança será difícil no princípio, mas com algum esforço e o entusiasmo dos primeiros momentos, podemos conseguir, o que nos dará mais distinção e segurança.

A postura perfeita deverá ser assumida por nosso corpo e nossa mente com comodidade, naturalidade e de forma tonificante, dando-nos um equilíbrio que será a base da transmissão de nossas idéias. A postura será sincronizada com os movimentos naturais do rosto, do corpo e da respiração.

De pé, ficaremos eretos esticando a coluna vertebral para cima e um pouco para trás, de forma a que as orelhas fiquem sobre os ombros, sem elevá-los nem estufar o peito. Assim, levantaremos as costelas e favoreceremos a respiração abdominal relaxante, o que aumenta a capacidade torácica. O ventre ficará mais reto e ofereceremos uma imagem mais alta e estilizada.

O queixo deve formar um ângulo reto com o peito, quer dizer, deve ficar paralelo ao chão, para permitir a maior entrada de ar pelo nariz e facilitar a impostação da voz, que sairá com mais potência de nossa boca.

Os joelhos devem estar ligeiramente flexionados e o peso de nosso corpo deve descansar sobre o arco dos pés, liberando os dedos, que devem estar paralelos e para frente.

AS REGRAS DE OURO

1. Ereto com naturalidade.
2. Queixo em ângulo reto.
3. Pernas retas.
4. Pés paralelos para a frente.

Coloquemo-nos de pé da forma descrita e sentiremos a naturalidade e o relaxamento, respirando lenta e profundamente a partir do abdome. Essa postura deve ser natural em nós e, portanto, relaxada. Se for rígida, isso é facilmente notado e tensões desnecessárias serão criadas; não devemos usá-la em uma apresentação até nos sentirmos cômodos.

Ao ficar atrás de um expositor, temos tendência a cruzar as pernas, nos apoiarmos sobre uma delas ou inclinar o tronco para frente. Devemos evitar esses defeitos; muito melhor é tirar o expositor e nos apresentar diretamente ao público, para que ele possa captar nossa comunicação corporal.

Se precisamos ficar sentados, o melhor é ficar sobre a metade frontal da cadeira, mantendo as costas retas, o queixo paralelo ao chão e o peso sobre a pélvis. Os braços devem ficar sobre a mesa ou sobre as pernas, de forma relaxada; as pernas devem estar paralelas, deixando cair seu peso nos pés, que estarão retos sobre o chão.

Ao caminhar, devemos manter a postura erguida, com os pés para frente e sem balançar os quadris. Como oradores, precisamos caminhar com naturalidade e passo lento mas firme, como se dominássemos o terreno. Devemos levar em conta, ao caminhar, que o microfone deve continuar captando nossa voz e os focos de luz devem seguir iluminando nosso rosto. Nossa imagem perante o público deve ser sempre elegante e serena.

Resumindo: roupa adequada, postura ereta, domínio de palco e uso das mãos para falar. A isso acrescentaremos a expressão facial, que completa o conjunto de imagens de apoio à mensagem falada.

1.9. A *expressão facial*

O rosto transmite grande variedade de sentimentos através do olhar e do ricto bucal. Está comprovado que as expressões faciais humanas são as mesmas em todas as raças, apesar dos distintos idiomas e costumes. Embora existam diferenças entre pessoas fleumáticas e nervosas, entre cores de pele e culturas, a tristeza, a alegria, a fúria e a inocência refletem-se no rosto da mesma maneira e, se alguém duvida disso, é só observar fotos de crianças e de idosos, de qualquer país ou etnia, e verá que as expressões de cada tipo de sentimento são as mesmas.

A linguagem facial é universal e transmite emoções e mensagens sem necessidade de pronunciar nenhuma palavra.

Os elementos da expressão facial são:

- As sobrancelhas, com seus expressivos movimentos.
- Os olhos e o sempre eloqüente olhar.
- As bochechas e os lábios, que governam o sorriso.

As sobrancelhas e os músculos da testa trabalham muito na transmissão de assombro, incerteza ou receio. É muito mais loquaz elevar uma sobrancelha perante um comentário maldoso, do que soltar uma longa resposta. Também podemos mover uma sobrancelha junto a um comentário irônico ou franzir o cenho para manifestar dúvida ou preocupação.

Os olhos são um elemento muito comunicativo e podem, sozinhos, transmitir muitas emoções. A forma como olhamos revela idéias, pensamentos e sentimentos. Quando falamos, é mais difícil olhar nos olhos do outro do que quando escutamos e, ao falar em público, devemos olhar direto para as pessoas como se se tratasse de uma entrevista pessoal. Manter o olhar nos olhos do nosso interlocutor é às vezes difícil, assim devemos exercitar esse aspecto para evitar que nossa vista não se volte para o chão ou demonstre timidez. Se olhamos nos olhos de nosso público, aumentaremos nossa capacidade de influência.

Então, não podemos deixar de olhar para o público e manifestar nossos sentimentos com os olhos e o sorriso. Olhar para o expositor ou para o telão é sempre negativo, já que corta nosso fio de transmissão com ele; portanto, é aconselhável NÃO LER. Devemos aprender a mensagem, e as frases sairão sozinhas. Podemos ter à mão uma pequena "cola" para evitar esquecimentos e, se precisamos olhar as imagens e os textos da apresentação, usemos a tela do computador na nossa frente, mas nunca viremos o rosto para olhar para o telão, mostrando, assim, as nossas lindas costas para o público.

Agora existem sofisticados sistemas que permitem a um orador ler o discurso refletido em expositores de metacrilato transparente para o público, ou em monitores de vídeo no chão do cenário, embora quase sempre isso seja notado e o efeito não seja bom. Façamos o esforço de guardar na memória o que temos a dizer, inclusive os dados numéricos.

Os movimentos das pálpebras afetam nosso olhar. Uma piscada de cumplicidade ou o fechamento momentâneo de ambos os olhos podem dar um toque ameno à palestra.

Se usamos óculos, eles devem ser transparentes e o mais discreto possível. Se só os usamos para ler por ter a vista cansada, devemos evitar a ação de colocá-los e tirá-los do rosto durante a palestra, usando óculos progressivos. Resumindo, os óculos não devem se tornar protagonistas da palestra.

Dizem que o olhar de Napoleão era insustentável e manifestava sua forte personalidade. Devemos ter uma posição de liderança e subjugar com o olhar. Manifestemos sinceridade e entusiasmo com nossos olhos.

Olhar para o chão, para o teto ou para os lados produz insegurança em nossa mensagem. Parece ser possível captar as mentiras quando quem as diz não nos olha diretamente e torce seu olhar para a esquerda. Portanto, devemos olhar sempre para o público, mudando o foco e tentando olhar direto nos olhos de distintas pessoas.

As bochechas são uma arma muito expressiva em um rosto humano. Podemos mover muitos músculos faciais de forma simétrica ou assimétrica, inchá-los, mover o queixo e realizar uma grande multiplicidade de movimentos com os lábios. Tudo isso feito com naturalidade e bem ensaiado na frente do espelho fará com que nossa comunicação seja muito mais amena e entretida. Um rosto sem movimento é inexpressivo e frio e nos afasta do público.

Se estamos de acordo com a importância da expressão facial, precisamos que as pessoas nos vejam bem e, para isso, o melhor é que nosso rosto esteja bem iluminado e perto do público. Algumas apresentações são feitas à meia-luz para que se possam ver melhor as mensagens de texto, mas elas deixam na penumbra o orador, que termina sendo uma voz em *off* distante e sem transmissão facial. Devemos fazer o sacrifício de suportar os focos de luz no rosto e garantir que todos nos vejam bem de qualquer ponto da sala. Se esta é grande, podemos contratar câmeras para ampliar nossa imagem em um telão na parte de trás. É muito importante o modo como falamos, muito mais do que as chamadas transparências ou projeções (*slides*), que só devem ser um apoio audiovisual.

O rosto deve estar sempre à vista e devemos evitar tapá-lo com as mãos em movimentos reflexos como alisar o cabelo, acariciar a barba ou coçar o nariz. Às vezes, o apresentador não está consciente dessas manipulações que costumam ser conseqüência do nervoso, por isso é recomendável ter um companheiro no final da sala, que nos indique e corrija esses detalhes.

As expressões faciais devem acompanhar o discurso, mas que sejam sempre gestos de cordialidade com firmeza e energia. Nunca devemos mostrar um rosto triste, nem sequer para anunciar algo negativo. O sorriso natural, acompanhado de um olhar direto, é a norma básica e fundamental.

A gesticulação facial é algo natural na conversação cotidiana, mas devemos enfatizá-la, sem exagerar, na oratória. A inexpressividade é chata, portanto precisamos fazer expressões com naturalidade; devemos mudar pouco a pouco nossos hábitos comunicativos de forma a que sejam manifestações normais em nós. Falemos com o sorriso e com o olhar, sobretudo convencidos da mensagem; quer dizer, falemos com o coração.

AS REGRAS DE OURO

1. Exercitar as expressões faciais.
2. Olhar nos olhos do público.
3. Deixar nosso rosto iluminado.
4. Manter um sorriso natural.

1.10. A *simpatia*

A inteligência, a desenvoltura, o humor e a ironia devem estar presentes em nossas apresentações, sobretudo no prelúdio e no epílogo; mas também devemos esquentar um pouco o conteúdo ou o corpo do discurso. Sempre em sua justa medida e sem virar palhaçada.

Fazer rir é difícil, mas, quando se consegue, ganhamos um alto nível de atenção e interesse do público. Se temos uma imagem de apresentadores amenos e divertidos, partimos de uma posição vantajosa simplesmente ao agarrar o microfone e saudar o público.

Quando contamos uma piada, devemos começar diretamente e com grande segurança e controle, como se estivéssemos entre amigos. Comecemos com algo engraçado para arrancar um sorriso, desenvolvendo a trama sem correr e vocalizando bem, com as pausas adequadas; e acabando com um final surpreendente que faça rir. Não podemos rir da nossa própria piada e, sobretudo, não tentemos explicá-la. Se fizermos tudo direito, o êxito será total.

Já que contar uma piada é um grande risco, se no final ninguém rir, o melhor é continuar como se nada tivesse acontecido ou confirmar publicamente que estamos ali porque, como todos acabam de comprovar, não temos o talento exigido para uma carreira de comediante.

Muito melhor que a piada é a observação humorística, a frase brilhante ou o comentário engraçado. Às vezes, aparecem em nosso discurso de forma improvisada ou como fruto de nossa exposição realizada com entusiasmo, mas é muito melhor prevê-los e estudá-los para evitar erros.

Em nossos comentários devemos ser cuidadosos e não usar a ridicularização, a grosseria, o sexismo, a crueldade e a crítica ordinária. Devemos parecer simpáticos de forma natural, com elegância e sem despertar sentimentos negativos em pessoas afetadas por nossas palavras. Devemos ter consciência da sensibilidade interpessoal e nos adaptarmos sempre ao ambiente humano do público. Além disso, devemos considerar que o sentido do humor varia com a idade e a cultura do público, com a região e as circunstâncias do evento.

O humor pode vir também das imagens e frases projetadas nas transparências. A Internet e o correio eletrônico são fontes inesgotáveis de elementos a empregar que devemos selecionar com o mesmo cuidado que fazemos com nossas palavras. Pensemos que muitas coisas já são conhecidas de todos e, portanto, não trazem o elemento surpresa. Em linhas gerais, as fotografias ou desenhos engraçados, que se referem a uma idéia ou um conceito de nossa apresentação, não só amenizam, mas permitem uma maior persistência da mensagem na mente do público.

1.10.1. A cumplicidade com o público

Às vezes participamos da apresentação de um afamado orador de reconhecido prestígio e caráter ameno, em que se produz um fenômeno um tanto curioso: antes de começar, a sala já está na expectativa com sorrisos desenhados em muitos rostos e todos dispostos a apreciar somente a frase "Olá, estou muito contente de estar hoje aqui com vocês". A partir desse momento, cria-se essa "cumplicidade", quer dizer, essa intercomunicação sensorial entre o apresentador e o público por causa da familiaridade expandida. Nesse contexto, o apresentador pode exercer uma grande influência no público, simplesmente mantendo esse ar de sintonia íntima.

A cumplicidade também significa uma certa exclusividade na posse de informação. O público entende e reconhece que os dados recebidos são algo que só eles conhecem e, portanto, representam uma importante novidade de grande valor agregado.

Conseguir essa fama que nos torna cúmplices do auditório é fruto de um trabalho muito profissional como palestrantes, ao longo de muito tempo. Como qualquer grande expedição que começa com um simples passo, devemos realizar as apresentações com o objetivo de alcançar com o tempo esse prestígio da cumplicidade. Os ingredientes são a honestidade, a eloqüência e, sobretudo, a simpatia.

Se fazemos apresentações divertidas e com conteúdo útil para nosso público, esse binômio do ameno mais o interessante produzirá um resultado muito positivo, fazendo com que o público aceite nossa mensagem com mais facilidade e, além disso, todos gostarão, enquanto realizamos um trabalho muito profissional. **O humor é compatível com tudo.**

> **AS REGRAS DE OURO**
> 1. Contar anedotas é melhor que piadas. Renove-as.
> 2. Sorrir de forma natural com o rosto e o espírito.
> 3. Mostrar alegria e otimismo, sempre.
> 4. Gerar cumplicidade com o público.

1.11. A *autocomplacência*

O êxito profissional pode provocar soberba e prepotência em qualquer faceta humana, sejam esportistas, artistas, políticos, médicos etc., e o que mais surpreende é que precisamente os mais cultos e estudados costumam cair primeiro no pedantismo e na arrogância.

A arte da oratória pode trazer também esse grande defeito aos oradores que são muito adulados e de prestígio reconhecido. Os sintomas são bem evidentes: costumam escutar a si mesmos, usar o "eu" abundantemente, dar opiniões pessoais com o objetivo de doutrinar, citar que estiveram em... ou que conhecem...; enfim, os clássicos orgulhosos, soberbos ou pedantes.

Há alguns excelentes oradores, poucos, que inclusive conhecem e reconhecem esse defeito, mas não conseguem deixar de se comportar como estrelas. A maioria dos que caem na prepotência, na realidade, sabe muito menos do que acredita, já que o verdadeiro sábio sempre é humilde e reconhece que precisa aprender muito a cada dia.

O mundo em constante mudança exige a transformação das técnicas e das artes, de forma que nunca devemos pensar que chegamos ao último degrau, o dos que sabem que sabem, estado só alcançável para os místicos e algumas poucas exceções ao longo da história da humanidade. Os demais mortais devem estar em reciclagem contínua, o que torna nossa existência mais interessante já que sempre há um desafio a superar.

O êxito e o aplauso são, às vezes, vendas em nossos olhos. Algumas dessas super-estrelas se rodeiam de pessoas que não são capazes de dizer a verdade: que ele está passando dos limites e que perdeu a graça. Um dia, eles acabam descobrindo a má fama de soberbos que possuem e já é quase impossível recuperar o prestígio profissional. A má reputação é muito difícil de erradicar, embora seja muito fácil de ganhar.

Falem mal mas falem de mim! Diz a sentença baseada no fato de que só se fala bem dos defuntos e mal dos que têm êxito, já que costumam ser sempre invejados. O pior é que não falem de uma pessoa; nesse caso, ela simplesmente não existe, é transparente para a sociedade, como quando olham para você mas não o vêem, como quando o escutam mas não ouvem. Tudo isso é uma desculpa dos oradores soberbos que quando descobrem as críticas negativas acham que é inveja. Como é que esses incapazes da arte da expressão se atrevem a atacar seu magnífico estilo de oratória!

Quando se analisam as folhas de avaliação que sempre devemos oferecer a nosso público, temos de ser humildes e ler as críticas como se não fôssemos nós os analisados, com espírito objetivo e respeitando enormemente as opiniões das pessoas. Embora eles não sejam especialistas em declamação, possuem ouvidos e cérebro, além de saber quando não gostam de algo. Às vezes podem expressar opiniões que não correspondem ao verdadeiro motivo da insatisfação, mas se há mal-estar é porque nós fizemos algo errado, não eles. Quando se emitem mensagens e estas não são ouvidas nem admitidas, a culpa é sempre do emissor e não do receptor.

Lutemos contra a autocomplacência; sejamos humildes e honestos; não falemos besteiras, mas contemos histórias interessantes e de valor prático; não devemos presumir nada; não podemos ficar nos gabando sobre nosso currículo nem contando há quanto tempo estamos nessa profissão. Em geral, devemos tirar a palavra "Eu" do discurso e trocá-la por "nós" ou "parece-me que". É importante sorrir com bom humor e entusiasmo, além de observar a todo momento a reação do público.

Devemos receber as felicitações e aplausos com humildade e como um incentivo para continuar melhorando nosso saber e nossa técnica como oradores. Quando somos parte do público e, na nossa frente, estiver um orador soberbo, devemos pensar que possivelmente também temos o mesmo defeito; podemos aproveitar essa oportunidade para eliminá-lo o quanto antes. Não devemos pensar que já sabemos tudo. Se somos estudantes aplicados, sempre aprenderemos coisas boas.

A pirâmide da sabedoria

Sei
Sei que sei
Sei que não sei
Não sei que não sei

Os quatro níveis que o ser humano reconhece em relação a suas limitações no conhecimento e no saber.

A pirâmide da sabedoria tem como base o estado de ignorância da ignorância. O não saber que não se sabe é a pior inconsciência que possuem os iniciados em qualquer disciplina e que, ao realizar sua atividade com certa soltura e aprovação, acreditam que sabem quando, na realidade, nem sequer começaram a aprender.

O degrau seguinte é ser consciente de que não se sabe. Bom, já sabemos algo, por mais ignorantes que somos. Esse estado é alcançado nas artes e nas ciências como uma descoberta repentina; quer dizer, um belo dia lemos algo ou vemos algo ou alguém e subitamente nos damos conta de tudo o que falta aprender. Esse é o estado ideal de qualquer profissional experimentado que não deve se contentar com o que sabe, que não sabe tudo, mas que desfruta do que aprende a cada dia.

Os dois degraus superiores estão reservados exclusivamente aos especialistas, aos mestres e gurus de cada disciplina ou atividade humana. Normalmente, aqueles que alcançaram esses níveis costumam ser pessoas muito humildes e que sempre respeitam o resto dos mortais com total compreensão e carinho.

> **AS REGRAS DE OURO**
> 1. Fugir da arrogância, da presunção e da soberba.
> 2. Nunca parar de aprender.
> 3. Analisar qualquer crítica e atuar a partir dela.

1.12. Apoiar os pontos fortes

A partir do conhecimento das habilidades do bom orador, analisadas neste capítulo, devemos pensar em como desenvolvê-las para ter êxito em nosso trabalho e conseguir ganhar prestígio na área.

Muitas dessas características podem ser inatas e naturais em algumas pessoas. Outras podem ser aprendidas com perseverança e talvez exista algo que seja tremendamente difícil para nós. A estratégia a seguir é a de "apoiar os pontos fortes", quer dizer, reforçar, em primeira instância, aquilo que fazemos de melhor e deixar, em segundo plano, aquilo que seja mais difícil de conseguir.

É quase impossível ser um apresentador perfeito, ter boa voz, manipular o palco, mover-se com naturalidade, ser criativo e simpático, usar a língua de forma engenhosa, ter uma personalidade arrasadora e, ainda por cima, ser bonito. No entanto, podemos possuir algumas dessas faculdades apreciadas por um auditório e que nos levem a conseguir a aceitação do público.

Pensemos no que temos de melhor, podemos consultar pessoas de confiança que tenham visto nossa atuação em público e melhorar ainda mais essas faculdades, baseando nosso estilo em ser o mais didático, o mais ameno, o mais convincente, o mais criativo ou o que possui mais desenvoltura.

Essa estratégia é recomendável sobretudo para conseguir êxitos no curto prazo, receber elogios por nossa boa apresentação e, assim, ganhar confiança ao subir ao palco. A exceção a essa forma de desenvolvimento como oradores é se possuímos um grande defeito que destrói nossas boas qualidades, como ter uma má dicção ou vocalização, se ficamos muito nervosos, incapazes de apresentar um discurso bem estruturado ou se, simplesmente, somos chatos. Se temos esses "graves" defeitos, a boa notícia é que eles sempre podem ser solucionados com trabalho e empenho, algo que devemos fazer a partir das recomendações deste e de outros livros, com a ajuda de profissionais e de nossa tenacidade.

Portanto, analisemos nosso perfil atual como oradores, escolhendo nossa melhor virtude e nosso pior defeito, depois podemos escrever em um papel as habilidades que queremos desenvolver e traçar um plano de trabalho com datas e metas a serem conquistadas, façamos exercícios e coloquemos em prática o aprendido. Mas, sobretudo, devemos ser persistentes e constantes já que não se aprende rapidamente certas características; elas exigem muito tempo e esforço. Por isso, podemos nos apoiar em nossos pontos fortes, que exigirão menos trabalho e nos trarão boas satisfações pessoais.

EXERCÍCIO PRÁTICO 1.1

Depois de ter lido as habilidades que devem ser desenvolvidas como orador, é conveniente fazer alguns ensaios como um procedimento de prova e erro.

EXERCÍCIO

Retome as apresentações já feitas em sua empresa e que estavam destinadas a um público bem definido. Faça essas apresentações na frente de uma câmera de vídeo que capte sua imagem e voz, exatamente como se estivesse diante do público.

Depois, assista à fita, anotando os erros cometidos. Normalmente serão muitos, não só pelo fato objetivo de terem sido cometidos, mas porque nós mesmos somos os críticos mais impiedosos quando nos vemos ou ouvimos, situação à qual não estamos acostumados.

É importante repetir a apresentação para tentar corrigir os erros anteriores e voltar a assistir à fita. Seguramente, haverá áreas com visíveis melhoras e erros que persistem. Seja condescendente e comemore os acertos. Depois de um ou dois dias, repita a operação. Pouco a pouco, vamos depurando a palestra e nosso comportamento no palco, aprendendo novos hábitos de atuação.

Avance um pouco mais, fazendo a apresentação para um grupo de amigos. Quer dizer, é melhor convocar esses amigos sem dizer que está desenvolvendo habilidades como apresentador, mas simplesmente mostrando o que preparou de forma coloquial e observar o resultado. Nesse diálogo ou reunião entre amigos devemos tentar aplicar o que sabemos sobre expressões facial e corporal, eloqüência e simpatia ou cordialidade.

RESUMO

Um apresentador deve adquirir uma série de habilidades para melhorar seu trabalho, de modo a serem naturais nele e se manifestarem espontaneamente, dando a seu discurso a capacidade de convicção requerida.

A primeira característica a desenvolver é a confiança em si mesmo, que estará baseada na tranqüilidade que é resultado de sermos especialistas no tema a tratar com a maior profundidade possível. Uma forma é estudar obstinadamente para que nossos conhecimentos estejam sempre atualizados.

O ensaio da apresentação assim como a experiência trazem altos graus de confiança e tranqüilidade.

É importante sermos assertivos, defendendo nossa liberdade de pensamento.

Devemos cuidar de nossa voz para que responda ao que nossa mente quer projetar, realizando exercícios de vocalização e respiração de forma a adquirir o hábito de projetá-la com sonoridade. É necessário fazer inflexões de voz para evitar a monotonia e enfatizar as mensagens importantes.

A linguagem deve ser correta de forma natural, sem cair em vulgaridades mas tampouco no pedantismo. Devemos exercitar um bom vocabulário e empregar uma linguagem clara e direta, construindo as frases e parágrafos de forma amena e inteligível. É importante falar com elegante familiaridade.

A comunicação não verbal deve ser manipulada com generosidade, usando amplamente a linguagem das mãos, empregando gestos faciais, movendo nosso corpo, tudo isso de forma estudada e natural, enviando as mensagens exatas para nosso público.

Nosso objetivo é captar a atenção com criatividade e engenhosidade, procurando ser reconhecido e respeitado, e que o maior número de pessoas gostem de nós. Sejamos amenos e pratiquemos o humor sem exagero. Não precisamos poupar o sorriso.

Evitemos a soberba e a prepotência, estando sempre em posição de aprender e melhorar, aceitando as críticas.

Sejamos líderes naturalmente reconhecidos.

Capítulo 2

O design da apresentação

Neste capítulo abordaremos a importância de uma boa preparação e como desenvolver as três partes de uma apresentação: a abertura, o corpo e o encerramento. Também veremos como utilizar as ferramentas de informática de forma adequada, como apoio visual à palestra.

Tudo isso segue um esquema que começa pela consolidação dos objetivos da palestra e pela análise detalhada do público, o que levará à escolha do tipo de apresentação que será realizada, sua agenda e logística, assim como seu design.

Antes de pensar no discurso e escrever as idéias, devemos esclarecer os objetivos e saber quem será parte do público.

ESQUEMA GLOBAL DO DESIGN DE UMA APRESENTAÇÃO

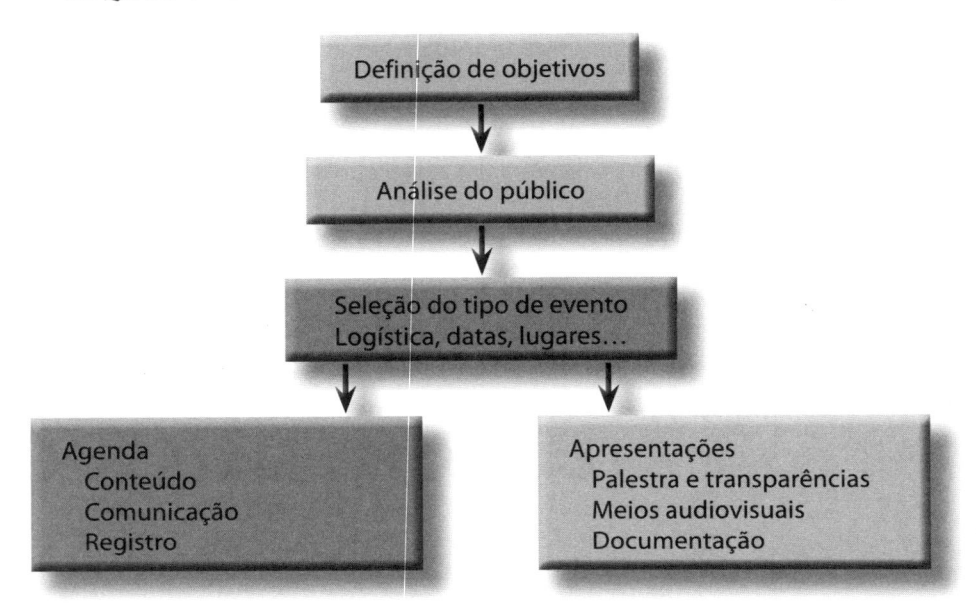

```
           Definição de objetivos
                    ↓
           Análise do público
                    ↓
         Seleção do tipo de evento
         Logística, datas, lugares...
            ↓              ↓
   Agenda              Apresentações
   Conteúdo            Palestra e transparências
   Comunicação         Meios audiovisuais
   Registro            Documentação
```

NOTA: neste capítulo, trataremos os objetivos e o público como os principais elementos a serem considerados antes mesmo de pensar na palestra que será apresentada, já que tudo que se relaciona com a apresentação deve ser planejado tendo em mente as metas a serem alcançadas e as pessoas que estarão assistindo. Os aspectos logísticos e organizativos serão tratados no último capítulo.

2.1. O *objetivo da apresentação*

Quando encaramos a tarefa de dar uma palestra para o público, nem sempre fazemos uma reflexão tranqüila e serena sobre quais são nossos objetivos. No entanto, é fundamental realizar esse exercício, antes de qualquer outra atividade, como base do restante da preparação.

Às vezes uma apresentação tecnicamente brilhante é facilmente esquecida e acaba sendo ineficaz simplesmente porque não haviam sido fixados os objetivos *a priori*, resultando em uma palestra sem conteúdo inovador e que não trouxe valor nenhum para o público.

O objetivo ou os objetivos da apresentação tendem a ser aqueles colocados pela empresa para a qual trabalhamos, como apresentar um novo produto ou convencer sobre uma proposta. Porém, há outros aspectos a considerar que podem e devem definir metas adicionais a serem atingidas e que serão de enorme ajuda ao objetivo comercial e, portanto, ao sucesso da apresentação.

Tanto o apresentador quanto o público são seres humanos que se situam em três tipos: profissional, pessoal ou de funcionário. Cada um deles possui suas motivações e inquietações. Como usuários ou clientes de um produto ou serviço, temos interesses técnicos e financeiros; como membros de uma categoria profissional, podemos sentir inquietações e vontade de conhecer; e como pessoas, interessam-nos os aspectos emocionais, éticos e sociais.

Vamos começar respondendo as várias perguntas relativas ao público presente e a nós mesmos como apresentadores e profissionais contratados por uma empresa. Por exemplo:

- O que os motivou a vir?
- O que esperam ver e ouvir?
- Quais inquietações e problemas têm?
- Que conhecimentos possuem?
- Qual o objetivo da minha empresa?
- O que posso ensinar que eles ainda não sabem?
- Quais são os meus objetivos?

Uma forma de determinar os objetivos é fazer uma lista com o que esperamos que aconteça com uma pessoa que assistirá a nossa apresentação. Por exemplo, aprender coisas novas que enriquecerão seus conhecimentos ou conhecer a fundo novos produtos que tornarão sua vida mais fácil, ou seja, a aquisição de informações ou dados que tragam benefícios evidentes. Se não existirem benefícios para o ouvinte, não teremos uma apresentação eficaz. O público precisa sair dizendo que aprendeu algo, que foi útil e agradável.

Os objetivos devem ser o cabeçalho de nossa preparação, para termos sempre claro o que devemos alcançar. Devem responder aos critérios de clareza, precisão e viabilidade; ou seja, devem ser consistentes e específicos e, é claro, compatíveis com os objetivos gerais e as políticas e estratégias da minha empresa.

Na nossa visão de apresentadores, alcançar o objetivo é a culminação de um desafio que implicou um esforço, e essa satisfação é tanto maior quanto mais difícil era no começo; portanto, é válido tentar definir metas que abranjam um objetivo ao nosso profissionalismo, que consigamos alcançá-las com o trabalho sofrido, para que nos sintamos orgulhosos de termos conseguido.

Exemplos de alguns objetivos de uma apresentação:

- Anunciar um novo produto que consiga aceitação, por ter uma utilidade clara, de mais de 50% do público.

- Convencer 70% do público de que nossa proposta é a melhor solução para suas necessidades.
- Fazer com que 20% dos participantes solicitem uma visita pessoal para aprofundar a nossa oferta.
- Mostrar uma nova tecnologia que desenvolvemos e saber se cobre uma necessidade atual ou futura.
- Conseguir que a minha apresentação seja a mais bem pontuada pelo público.

Como se vê, os objetivos devem ser claros e ter uma métrica numérica que permitirá saber matematicamente se tivemos sucesso. É obrigatório, portanto, estabelecer a forma de medir esses resultados distribuindo, por exemplo, folhas de avaliação a serem preenchidas pelo público.

Resumindo, na determinação dos objetivos partiremos das nossas metas profissionais, pessoais e da nossa empresa, pensando sempre no nosso público, o que lhe interessa, o que pode motivá-lo, que problema eles gostariam de resolver com a nossa mensagem.

Não podemos fazer a apresentação para nós mesmos, devemos fazê-la para quem estiver sentado na nossa frente. Quando tivermos tudo preparado e fizermos um ensaio, no final, devemos fazer a seguinte pergunta: e agora o quê? Se não tivermos resposta, isso significará que a nossa palestra não contribuiu com nada e o melhor é mudarmos tudo ou alguma parte.

2.2. O *público*

As pessoas que vão receber o nosso discurso têm um perfil determinado enquanto indivíduos. São seres humanos livres e independentes que, porém, também possuem características como grupo, no sentido de que sempre existem denominadores comuns por causa da cultura, da profissão ou do fato de pertencerem a determinados coletivos.

2.2.1. O *perfil do público*

É a clara definição do tipo de pessoas às quais queremos dirigir a nossa mensagem, o que inclui a sua formação, o cargo, o tipo de empresa em que trabalham, o setor industrial, assim como as características mais étnicas como sexo, idade, religião e, sobretudo e fundamentalmente, o conhecimento total ou parcial que possuem do tema que será tratado.

Na maioria das apresentações nunca haverá homogeneidade no perfil do público; é comum que haja pessoas com diferentes características. Portanto, devemos tentar buscar os pontos em comum de todos eles e fixar um perfil médio, já que, afinal de contas, vamos falar para todos ao mesmo tempo e não será possível enviar distintas mensagens a cada um.

Ao fixar esse perfil médio, é preferível dirigir-se mais àqueles de menor nível de conhecimento e não cair no erro de falar para aqueles de maior categoria acreditando que serão eles que decidirão a nosso favor. Às vezes as pessoas que menos esperamos são as que mais influenciam.

Como apresentadores, devemos tentar participar na seleção do público ou pelo menos conhecer de antemão suas características. Se participarmos na escolha do público, devemos considerar os critérios adequados para segmentar as diferentes listas de possíveis participantes ou bases de dados de contatos a convidar, segundo os nossos objetivos, que já devem estar definidos previamente. Se formos palestrantes convidados para um evento em que o público já está fixado, devemos exigir ao menos, e com suficiente antecipação, a lista de pessoas com cargos e empresas às quais pertencem, para saber como preparar a palestra com eficácia.

O perfil genérico do público obriga-nos a adaptar o nosso discurso segundo suas características.

Se conhecermos com antecipação os presentes, podemos, na nossa palestra, fazer algumas referências às suas empresas, elogiando ou comentando alguns aspectos que tragam valor ao restante da sala, além de conseguir certas cumplicidade e empatia suficientes para criar um ambiente de mais camaradagem.

2.2.2. O público em apresentações comerciais

Quando a nossa palestra pretende vender produtos, serviços ou simplesmente propor uma alternativa de negócio, é de sentido comum que as pessoas e empresas que compareçam à sala tenham as seguintes características:

1. **Necessidade de adquirir o que pretendemos vender** ou algo similar, em virtude da busca de solução para um problema existente ou futuro, mas também por ter de aumentar a produção, reduzir custos ou liderar um mercado pela adoção de novas idéias e procedimentos.

Às vezes devemos despertar o interesse para novos projetos que nem sequer tínhamos em mente, realizando assim uma venda pré-ativa, adiantando-nos à concorrência e, portanto, trazendo notoriedade e iniciativa.

Por exemplo, se tentarmos vender aquecedores em dezembro no Brasil, parece evidente que *a priori* não exista a necessidade de tal produto.

2. **Capacidade de decisão ou de influência.** O nosso público deverá ter a capacidade de participar, ainda que indiretamente, na compra da nossa proposta por serem diretores, gerentes de negócio, executivos de compras, assessores técnicos ou usuários da solução que podem influir em maior ou menor medida.

    Em muitas ocasiões temos um público formado por pessoas que não cumprem esse requisito e, portanto, a nossa apresentação é absolutamente inútil, ainda que tenha sido um grande sucesso acadêmico ou de *marketing*.

3. **Orçamento.** É preciso assegurar-se de que existe capacidade financeira presente ou futura que permita atingir o nosso objetivo de negócio. Além disso, deveríamos conhecer a procedência dos fundos e suas limitações, não só na quantia, mas em datas de liberação e possível caducidade, como nos casos de fundos públicos, que sempre têm uma data limite.

Há alguns anos, um alto executivo comercial de uma empresa de aeronáutica se propôs a vender aviões de caça de combate para um país asiático (chamaremos H) com o qual mantinha boas relações políticas. Colocou uma série de apresentações aos comandos militares e até chegou a realizar uma demonstração prática ao chefe de Estado, que manifestou a sua total aprovação ao projeto.

A frustração do nosso protagonista aconteceu posteriormente quando soube, pelo ministério correspondente, que o país H não dispunha de fundos e que estes viriam do seu aliado e vizinho país T. Assim, ele precisou repetir todas as apresentações e ações comerciais para o país T. Após dois anos de duro trabalho, conseguiu o pedido da sua vida ao vender várias dezenas de aviões, porém empregou tempo e recursos de forma desmedida por não ter assegurado previamente a procedência do orçamento.

2.2.3. A segmentação

Para realizar esta tarefa, é preciso começar com a criação de uma lista de convidados através de uma seleção por perfil buscado, utilizando as bases de dados da empresa, as de agências externas e até o porta-cartões dos vendedores; vale tudo para ter uma lista mais atualizada e ampla possível. Cuidado com as listas compradas de certas consultorias. Algumas são boas, porém é aconselhável se assegurar sobre a atualização dos dados e sua exatidão. O melhor é fazer ligações aleatórias para vários membros da lista a fim de comprovar sua validade.

Outra tarefa desejável é o cruzamento de diferentes relações para elaborar uma lista final de convidados mais completa e que evite a duplicidade de dados, fato que, por outro lado, não é tão grave. É melhor convidar alguém duas vezes do que não convidá-lo.

Na lista de convidados devem aparecer os dados de endereço, telefone ou celular e *e-mail*, para favorecer o acesso direto, confirmar a presença e fixar ações posteriores.

Há certos detalhes que excluem coletivos antagônicos a algum aspecto do discurso; por exemplo, empresas de nossa concorrência, pessoas que não falam inglês se tivermos palestrantes estrangeiros, ou que tenham recebido mensagens opostas às nossas de companheiros de outras áreas da nossa própria empresa, situação que, em grandes companhias, com diversas áreas, acaba sendo habitual.

2.2.4. O *poder de convocatória*

Essa parece ser a chave de muitas apresentações, ou seja, a quantidade de pessoas que assistem a nossa palestra e que em muitas ocasiões supõem já uma medida do nosso sucesso.

A quantidade nem sempre significa qualidade, e, nesse caso, no âmbito das comunicações de empresa com objetivos comerciais, podemos ter um grande sucesso com públicos consideráveis que, no entanto, não têm nenhum poder de aquisição de nossos produtos ou que assistiram só para conseguir certos incentivos como o convite para o almoço, os presentes aos convidados ou simplesmente para deixar suas obrigações por algumas horas. É relativamente fácil encher as salas contando com bases de dados ou coletivos de pessoas desocupadas.

O poder de convocatória deve ser fruto da elaboração de uma boa agenda, dirigida com precisão às pessoas interessadas na mensagem a ser transmitida e, é claro, perfeitamente comunicada.

A medida do sucesso da convocatória não são as pessoas que se registram, nem sequer as que compareçam, mas as que compareçam segundo a lista de convidados que tínhamos definido de acordo com os nossos objetivos.

2.2.5. O comportamento do público

O nosso público é um grupo humano que responde ao comportamento que as pessoas têm quando estão imersas em um conjunto, em uma coletividade que, apesar da heterogeneidade individual, influi e contagia os seus membros, por exemplo, quando aplaudem, quando querem perguntar algo ou quando sentem a necessidade de sair. O grupo humano de certa forma infecta as pessoas que o compõem.

Uma forma de reforçar uma mensagem é que alguém da sala manifeste o seu próprio testemunho. A pessoa que dá fé com a sua experiência da veracidade do exposto, como membro do grupo do público, possui uma grande credibilidade sobre o resto ao ser parte desse coletivo que, na verdade, se criou de forma pouco clara e que muito provavelmente não se conhece.

Outra característica da influência da massa sobre cada um de nós é o número de pessoas presentes. Estar em uma sala cheia favorece a atenção do público, enquanto se ela está só pela metade dá uma má impressão e favorece a distração e o tédio. Por isso, devemos tentar dimensionar a sala para o número exato de pessoas que vão assistir com um espaço vazio de não mais do que 10% de cadeiras.

Devemos considerar que as pessoas que assistem atualmente a uma apresentação o fazem livremente, exceto em algumas ocasiões em que o chefe obriga seus funcionários a assistirem a uma palestra. Portanto, hoje em dia, o fato de assistir já demonstra certo interesse prévio. Se além disso concorremos com uma ampla oferta de apresentações que acontecem em certos setores ou lugares, podemos afirmar que o nosso público, ou seja, as pessoas que se deram ao trabalho de vir para nos ouvir, já possui certo interesse.

Um fator muito importante é conhecer as expectativas do público. Se aquilo que vão ver e ouvir não é o que estão esperando, por melhor que seja, o êxito será só parcial. Por isso, é básico fixar uma convocatória que atraia, mas também é fundamental ser capaz de cumprir e superar todas as esperanças que o público tiver em relação a nossa atuação.

A resposta do público durante a apresentação é muito fácil de interpretar: as linguagens corporal e facial transmitirão, sem necessidade de palavras, se o que falamos agrada, entusiasma ou, pelo contrário, entedia completamente. Devemos preparar a nossa palestra com pontos de checagem e prever certas mudanças no discurso se vemos que a coisa não vai; drástico assim.

> **AS REGRAS DE OURO**
> 1. Conhecer o nosso público com antecedência.
> 2. Preparar o discurso para um perfil médio.
> 3. Observar a todo momento a reação do público.

2.3. A *preparação*

Igual à cozinha, onde o tempo de preparo é infinitamente maior do que o da degustação, fato que devemos levar sempre em conta para evitar a frustração com o clássico "mas já comeram tudo?", que pode nos levar a reduzir o preparo em ocasiões posteriores, nas apresentações devemos manter sempre o critério de máxima dedicação à preparação.

> **Uma apresentação de duas horas pode ser preparada em quatro, mas uma de dez minutos pode precisar de oito horas.**

A fase preparatória é muito importante em seus dois aspectos fundamentais, quer dizer, no conteúdo e na forma. O conteúdo como tema objeto da apresentação e a forma como a maneira pela qual vamos expor.

> **O tempo de preparação de uma apresentação será de pelo menos DEZ vezes o de sua duração.**

O tema a ser exposto, no qual somos supostamente especialistas por estudo ou por experiência, que deve nos entusiasmar sinceramente e que desejamos vivamente transmitir aos demais, é sempre o mais importante e nunca devemos nos cansar na busca de fontes para alimentar a nossa sabedoria. Portanto, devemos nos nutrir da maior quantidade de informações que possamos reunir e acrescentarmos conclusões próprias às que tenhamos chegado refletindo sobre o assunto a ser tratado e fazendo vários ensaios da apresentação.

2.3.1. Documentar-se amplamente

Partiremos sempre da informação escrita nos diferentes tipos de documentos ao nosso alcance, indo do tradicional preto sobre branco – livros, revistas, folhetos, manuais, manuscritos etc. – até os modernos meios eletrônicos em CD-ROM ou Internet. À leitura e análise da informação é preciso acrescentar critérios de verificação da veracidade dos dados, ou seja, não devemos acreditar em tudo que está escrito simplesmente pelo fato de estar impresso. Devemos empregar um espírito crítico e comparar a informação de diversas fontes, para estarmos certos de não dizer nenhuma barbaridade.

**Trabalhamos em equipe
e verificamos a veracidade dos dados.**

Na busca de informações, não podemos nos esquecer de que, além de livros e artigos, contamos com a contribuição oral de outras pessoas, a informação recebida em conversas pessoais, reuniões descontraídas, formais ou até comentários de corredor. Por mais especialistas que sejamos no tema, convém comentar o discurso que estamos preparando com outros colegas e até com pessoas totalmente leigas no assunto. É surpreendente a quantidade de dicas que eles podem nos dar sobre o tema e a forma de fazê-lo.

2.3.2. A contribuição pessoal

O nosso valor agregado é fundamental. Repetir o que está escrito e que qualquer um pode ler ou consultar não é muito alentador e contribui pouco à sociedade. É preciso refletir sobre o tema, fazer anotações e conseguir novas idéias para transmitir. Se contribuirmos com nossa própria produção, teremos quase assegurada a notoriedade e a originalidade, a não ser que desconheçamos que outros se adiantaram com reflexões iguais e todo o nosso público já souber antes de nós. Devemos evitar esse ridículo insistindo em nos fundamentar o máximo possível.

As contribuições pessoais nos dão segurança e um alto grau de motivação por termos sido capazes de criar algo novo que pode servir a outras pessoas. Quando fizermos a apresentação dessas idéias próprias, não devemos cair no erro de dizer "EU deduzi que...", "EU afirmo que...". Devemos ser humildes; os demais logo captarão se as idéias são nossas ou de outros, sem a necessidade de ficarmos nos valorizando.

Devemos tentar ser especialistas no tema a desenvolver, e isso significa saber muito, muitíssimo; portanto, considerando as limitações de tempo na apresentação, só poderemos transmitir uma parte de todo o nosso conhecimento, aquilo que seja fundamental para o público, mas no fundo da nossa mente teremos toda uma enciclopédia que nos dará segurança ao falar e permitirá responder perguntas difíceis se for necessário. Não precisamos dizer tudo que sabemos; isso seria chato e petulante, além de esvaziar possíveis argumentos que podem ser expostos posteriormente, se precisarmos usá-los no fechamento de um negócio, por exemplo.

Estudar incansavelmente o tema a expor e acrescentar conclusões próprias, dar agregado valor pessoal.

É indispensável começar a realizar a preparação ao menos uma semana antes da apresentação, e, se o tema for complexo, antes disso, para podermos nos documentar bem. É importante empregar o máximo de tempo possível, pensar na palestra durante o tempo vago da nossa atividade cotidiana, nas viagens de carro, nas salas de espera etc. e devemos levar sempre a mão um bloquinho de anotações, até na cabeceira da cama, para escrever novas idéias que com certeza teremos. As inspirações não existem e o brilhantismo é fruto de muitas horas de trabalho.

Um caso particular, mas que acontece todos os dias, é a apresentação preparada por outra pessoa, que às vezes precisamos fazer por qualquer motivo e recebemos o texto do discurso ou os *slides* que, às vezes, estão até em outro idioma. Essa apresentação "de outro", que caiu como uma pedra, deve ser adaptada para fazê-la "nossa" e, portanto, é aconselhável sempre reescrever o texto no nosso estilo. Esse exercício de transcrição nos permitirá estudar a fundo o que o palestrante original queria expressar e, além disso, adaptá-lo a nossa forma particular de atuar.

Se não fizermos assim, corremos o risco de não entender alguma frase e a informação que está contida nela, sendo terrível que alguém nos pergunte pelo significado de algo que não somos capazes de entender. Nunca é recomendável repetir o que está escrito como se fôssemos papagaios; precisamos saber o significado de absolutamente tudo que falamos.

2.3.3. Anotações e "colas"

É conveniente escrever notas ou roteiros dos pontos-chave do discurso durante a fase preparatória. Algo parecido às "colas" do estudante nas quais se resumem os conceitos importantes e os dados difíceis de lembrar, que se escreviam em tamanho minúsculo em pedacinhos de papel que escondíamos em lugares às vezes incríveis.

Com essas anotações costuma acontecer o chamado efeito "cola", ou seja, dado o tempo dedicado a sua confecção, acabamos decorando tudo e no final omitimos a sua utilização durante a apresentação. Se não conseguirmos esse efeito, é bom ter as anotações a mão de forma discreta, para assegurar que seguimos o roteiro estabelecido e apresentamos os dados com fidelidade.

Não é recomendável escrever o texto do discurso para decorá-lo como se fosse um roteiro de cinema. Durante a apresentação, não busquemos palavras, mas fatos e idéias; as palavras virão à boca sozinhas quando transmitirmos as mensagens. Ler a apresentação tira a espontaneidade e reduz a nossa credibilidade como autoridade na matéria, já que qualquer um sabe ler, mas só os especialistas sabem expor.

2.3.4. O ordenamento do discurso

É muito importante a estrutura correta das mensagens e dos pensamentos a transmitir. O discurso deve seguir uma trama na qual cada conclusão permite a conexão com o ponto seguinte, tudo de forma a facilitar a compreensão. Às vezes, damos por entendidos ou conhecidos conceitos que devem ser explicados para evitar perdas na assimilação de nossas reflexões. É preciso organizar bem cada seção de maneira bem concatenada.

Estruturar o discurso a partir de fatos e idéias, de forma amena e didática.

2.3.5. Ensaiar, comprovar e experimentar

Depois de ter tudo pensado e ensaiado, devemos repetir internamente as frases ou até em voz alta quando estivermos sozinhos, acompanhadas de gestos naturais tanto faciais quanto corporais, para transmitir cada conceito com as expressões adequadas. Podemos fazer isso na frente do espelho ou de uma câmera para depois analisar e corrigir os defeitos. Também pode se ensaiar na frente de um reduzido grupo de amigos ou colegas de trabalho. Muitas vezes evitamos esse exercício por falta de tempo ou por pudor, mas é fundamental para qualquer apresentação e não devemos nos esquecer disso.

Sejamos críticos com nós mesmos e receptivos ao recebermos críticas; ao corrigirmos o discurso veremos que o resultado é muito mais brilhante. Esses exercícios nos deixarão mais confortáveis na hora de entrar em cena.

AS REGRAS DE OURO

1. Tornar-se especialista no tema que será exposto.
2. Pensar sempre no público.
3. Ensaiar o discurso várias vezes.

Dizem que um físico nuclear americano percorria o país dando uma conferência sobre energia atômica; ia acompanhado pelo seu motorista, que depois de um mês ouvindo sempre o mesmo discurso lançou um desafio ao palestrante, afirmando que seu trabalho era muito simples. O físico aceitou o desafio e concordou em dobrar-lhe o salário se o motorista conseguisse substituí-lo no palco e fazer a apresentação com sucesso. No dia seguinte, o físico colocou o uniforme de motorista e se sentou na primeira fileira do salão enquanto o motorista apresentou a conferência de forma brilhante. Porém, no final, uma pessoa do público ficou em pé e disse:

> — Professor, por favor, quando o senhor afirma que a emissão de prótons de um núcleo atômico pode provocar variações de energia dos neutrinos associados, isso não é o oposto à teoria de Schroedinger?
>
> Ao que o motorista respondeu:
>
> — Veja, a sua pergunta é tão boba que até o meu motorista, sentado aqui na frente, será capaz de responder.

A preparação não é decorar o discurso, mas estarmos convencidos daquilo que vamos dizer, com a mente e com o coração, assim será mais fácil de transmitir e de receber.

A melhor maneira de entediar é: CONTAR TUDO

2.4. A *abertura*

A abertura deve despertar o interesse do público. Às vezes, deve despertar (no sentido literal da palavra), já que o público pode estar sonolento pelo horário ou pelo palestrante anterior. Lembremos de que nunca há uma segunda oportunidade para causar uma boa primeira impressão; portanto, é preciso pensar muito nesta seção e adaptá-la muito bem ao tema e ao público. Aqui, o improviso significa um alto risco.

Antes de pensar na abertura, é melhor preparar o corpo da apresentação como um todo e, depois, escolher a abertura mais adequada à mensagem e ao público. Muitas vezes podemos mudar a abertura em função das condições do momento da apresentação, se observarmos circunstâncias no público ou no contexto da palestra que indiquem um início diferente do previsto.

Começar com algo perspicaz sempre atrai a atenção e desperta o interesse, já começar de forma séria e solene está fora de moda, porém fazer uma entrada torpe e nervosa é muito pior. Devemos agir de forma natural, ser sorridentes e, se possível, divertidos. Contemos algo que pareça casual e improvisado, mas que deve estar perfeitamente previsto e controlado em seus menores detalhes.

O começo ou prelúdio deve ser breve e nunca devemos repeti-lo em futuras apresentações, já que é algo que costuma ser lembrado, e escutá-lo duas vezes seguidas é terrível. Surpreendamos sempre com algo novo.

Não começamos simplesmente citando o título da palestra nem dizendo o que queremos demonstrar já que, além de ser insípido, colocaríamos o público na defensiva.

Sempre devemos começar nos apresentando, ainda que o ideal seja que outra pessoa o faça. Essa introdução deve incluir o nosso nome, cargo e alguma característica que nos autorize como especialistas no tema, mas sem chegar ao auto-elogio enjoativo. Logo, podemos fazer a abertura propriamente dita em forma de relato curto.

Nunca há uma segunda oportunidade para causar uma boa primeira impressão.

Contar uma piada é um risco desnecessário já que a graça costuma estar na pessoa mais do que na própria piada, e se não conseguirmos uma gargalhada ou pelo menos um sorriso, começaremos mal. Em vez disso é melhor relatar um fato cotidiano no qual o próprio orador seja a vítima. Isso nos dará a simpatia do público, que costuma ficar do lado do pobre palestrante afetado pelas circunstâncias. Porém há alternativas que proponho a seguir:

Alguns recursos para começar uma apresentação são:

- Mencionar uma notícia do dia.
- Comentar algo relacionado com a palestra anterior ou o apresentador do evento.
- Perguntar algo diretamente ao público.
- Citar um fato histórico.
- Narrar um conto curto.
- Citar uma frase famosa.
- Apresentar um dado surpreendente.
- Trazer ao palco algum objeto para realizar algo interessante ou simpático.

Todos esses possíveis prelúdios devem criar curiosidade, e devemos vinculá-los com o tema da palestra; ou seja, conseguir que o público se mexa em seus lugares e adote uma postura mais ativa, com o corpo para frente e uma expressão facial de interesse. Devemos procurar, sobretudo, que o prelúdio permita apresentar o título e o conteúdo da nossa palestra; ou seja, deve ter muito a ver com a apresentação de forma direta ou indireta. Os prelúdios brilhantes são lembrados pelo público; portanto, nossa relação com a palestra levará o público a lembrar também das mensagens que transmitimos. Nenhuma apresentação é incompatível com o bom humor, até mesmo aquelas que precisamos dar solenemente para uma junta de acionistas ou para o conselho de direção de uma empresa. O nosso público está composto por pessoas que precisam de uma comunicação amena e sincera, mais do que algo frio, insípido e cheio de rituais.

Nunca devemos começar com uma desculpa; isso significa uma mensagem negativa e às vezes pode ser interpretado como uma falta de respeito ao público se, por exemplo, nos desculpamos reconhecendo não ter preparado corretamente a palestra por falta de tempo ou algum outro pretexto inaceitável. Se algo falhar, podemos tirar vantagem e relatá-lo positivamente.

Um grande apresentador, que tinha esquecido as transparências em casa, começou assim a palestra:

"Bom dia. Devo dizer-lhes que esqueci as transparências que ilustram a minha palestra e isso me deixou bastante agoniado enquanto vinha para cá. Porém, depois pensei que teria sido muito pior se as transparências tivessem chegado até aqui e eu tivesse ficado em casa."

O público caiu na gargalhada e se dispôs com um amplo sorriso a assistir a palestra sem suporte visual, só com a oratória do palestrante. O sucesso foi clamoroso porque a predisposição do público para com o palestrante era favorável.

Em outra oportunidade, uma palestrante tropeçou ao se aproximar da estante e caiu no chão estrepitosamente. Como, além disso, ela entrava sorridente cumprimentando o público, e este viu com antecipação o que ia ocorrer, a gargalhada foi colossal. Quando levantou, longe de se intimidar, compreendeu rapidamente que esse começo digno do cinema mudo seria lembrado durante muito tempo, e decidiu compartilhar a cena hilária com o público presente dizendo: "Se vocês quiserem, eu repito".

Se conseguirmos que o público mostre pelo menos um leve sorriso ao começar a nossa palestra, teremos conquistado 50% do sucesso. Se observarmos essa sensação no público, registremos que ganhamos um ponto, respiremos e, sem mais explicações sobre o relato ou anedota da abertura, sigamos adiante.

Depois da abertura, que – insisto – deve ser sempre descontraída, mostremos uma breve pauta de nossa apresentação. Coloquemos os diferentes pontos da exposição de forma breve, enfatizando o que esperamos de cada parte, e ofereçamos as conclusões finais com a mensagem do objetivo da nossa palestra. Devemos acrescentar detalhes logísticos como a duração estimada, a documentação de suporte para o público, a possibilidade de perguntas durante a palestra e se haverá conteúdo visual adicional. Tudo isso de forma breve, sem fazer a abertura muito longa, sem se estender muito nessa fase e sem ir diretamente ao tema da palestra.

AS REGRAS DE OURO

1. Ser positivo e cordial.
2. Surpreender com alguma novidade.
3. Explicar o conteúdo da palestra ou pauta.

2.5. O *corpo*

É um conjunto de evidências irrefutáveis que garante a credibilidade da mensagem. É o roteiro de nossa história e deve seguir as pautas de qualquer relato tanto na forma quanto no conteúdo.

Devemos seguir um fio argumentativo de forma que cada mensagem se conecte à seguinte, como se fosse uma peça de teatro. Incluiremos recomendações, exemplos, comparações e, sobretudo, conclusões e ações a realizar. Veremos como usar esses recursos no Capítulo 3.

Estrutura da mensagem:
Informação → Ação → Benefícios

O tema deve estar estruturado e deve convencer, informar e entreter. Vamos expor as teorias e as experiências para passar a propor atividades e decisões concretas ao nosso público, relatando os benefícios que se podem conseguir ou as metas que podem ser alcançadas.

Para manter o interesse durante a palestra, devemos dividir a apresentação em diferentes partes e etapas que vamos superando; devemos informar ao público quando passarmos por elas e animá-los a seguir esse caminho até as conclusões.

Devemos reforçar as mensagens fundamentais, até repetindo-as verbalmente e sempre as levando também às conclusões finais.

Um erro típico é utilizar mais tempo do que o previsto. A duração do corpo da apresentação ideal é entre 20 e 40 minutos. Hoje em dia, na nossa cultura do videoclipe e do *zapping*, estamos mais orientados a resumir as coisas, e os longos discursos costumam terminar com um público cansado. Devemos pensar que uma apresentação é um monólogo no qual não há interatividade, e o público pode perder facilmente o fio da meada por melhor que possamos ser, sobretudo se alongarmos o discurso excessivamente.

Devemos seguir a estrutura, evitando fugir muito do tema. É importante colocar em uma folha os objetivos, o perfil do público, o título da apresentação e, a partir daí, escrever os diferentes capítulos ou a agenda da apresentação em si mesma.

É crucial escrever os pontos-chave de cada capítulo, o que queremos mostrar e o que queremos conseguir com tal informação. Devemos passar para a proposta de valor, as ações que devem ser tomadas e o resumo das mensagens.

Quando tivermos esse esqueleto, vamos trabalhando capítulo a capítulo, escrevendo as transparências, ilustrando com fotos e desenhos assim como com dados numéricos. Devemos escrever em folhas separadas os chamados *scripts* ou anotações na margem do texto, ou seja, comentários não escritos nas transparências, mas que ajudarão no discurso.

Uma vez terminada a primeira preparação do corpo da apresentação, devemos revisar para verificar que tudo esteja correto em forma e conteúdo, que as mensagens sejam entendidas, que a estrutura esteja correta e bem concatenada e que tudo que é verdadeiramente importante esteja enfatizado.

Devemos repetir essa verificação no dia seguinte, com a surpresa e segurança de que aparecerão mais dados ou diferentes pontos de vista em nossa mente que nos permitirão melhorar a apresentação. Podemos ir assim melhorando uma mesma palestra com diferentes versões corrigidas por nós mesmos. Nunca teremos uma apresentação que não possa ser melhorada; não poderemos nos dar nota dez, mas podemos chegar a um "nove e alguma coisa".

> **AS REGRAS DE OURO**
> 1. Estruturar as idéias a serem expostas como uma corrente.
> 2. Utilizar exemplos, comparações e casos práticos.
> 3. Apresentar vantagens e benefícios.
> 4. Revisar incansavelmente e melhorar constantemente.

2.6. O *encerramento*

Como em um filme, o final deve ser o momento culminante e de maior preparo para que fique na lembrança do público como a conclusão definitiva do tema exposto, como a solução do problema colocado. Devemos pensar sempre em um final feliz e conclusivo. Nunca o inesperado e insosso corte baixando o tom de voz, ou o final nervoso daquele que recolhe seus papéis e fica calado sem se despedir.

O final deve ser curto porém engenhoso. Perceberemos se o público olhar com cara de interesse e veremos alguns sorrisos ou sinais afirmativos de aceitação. Há despedidas intermináveis que parecem não acabar nunca e nas quais o responsável acaba dizendo sim, sim, já está acabando. O tédio chega um momento depois do sucesso. Evitemos ser pesados e chatos.

O epílogo deve incluir uma lista de conclusões do discurso com os pontos mais importantes que se apresentaram. Essa é a forma de assegurar que o público vai lembrar o essencial da palestra durante mais tempo. Não é preciso nem utilizar as mesmas frases; a reiteração do que é importante se admite com a aceitação de que essas mensagens são as fundamentais.

O encerramento é tão importante quanto a abertura.
As conclusões devem refletir a mensagem.

Alguns palestrantes baixam o tom de voz ao chegarem ao final; parece que estão desgastados e acabam transmitindo esse cansaço aos demais. O epílogo deve ser pronunciado elevando-se um pouco o tom de voz, de forma que as últimas palavras ao microfone sejam expressas com alegria e firmeza. Como se se tratasse do final de uma sinfonia em *allegro maestoso,* com todos os instrumentos tocando ao mesmo tempo no clímax final.

Também podemos, ainda que não seja obrigatório, exortar à ação de forma direta e imperativa, sem medo e convictos de que o que estamos propondo será benéfico para todos.

Na conclusão final, podemos utilizar uma frase famosa ou até um poema curto, algo engenhoso e simpático que arranque o sorriso ou a risada do público. Se conseguirmos isso, podemos concluir sem estender o discurso desnecessariamente. O que for acrescentado, deve estar perfeitamente previsto e ensaiado para gerar um ambiente distendido e relaxado.

O final do final deve seguir as regras básicas de cortesia, agradecendo a atenção de todos, transmitindo bons desejos e cumprimentando com polidez. No entanto, é melhor que, além de tudo isso, a última frase seja de efeito, surpreendendo com algo engenhoso. Seguramente conseguiremos o aplauso ou pelo menos o sorriso e a confirmação positiva do público.

Depois de pronunciada a última palavra, devemos deixar o palco com naturalidade e cumprimentar com uma leve inclinação da cabeça e um amplo sorriso. Se o aplauso não acontecer, podemos olhar fixamente para o público sem falar durante um instante e sair de cena. Na maioria das vezes, as pessoas começam bater palmas espontaneamente em sinal de agradecimento, isso nos dá moral e reconhecimento e também acaba criando um ambiente na sala no qual se estende o sentimento de aprovação pelo exposto ou simplesmente a alegria por ter acabado.

Há muitos exemplos de frases engenhosas de encerramento, e de todas as que ouvi gostei de uma de um bom amigo que teve a genialidade de nos surpreender com algo tão breve e simpático. Olhou diretamente o público e muito sorridente disse:

"Sinto-me muito agradecido e muito agradecido me sento", e, de fato, sentou-se.

> **AS REGRAS DE OURO**
>
> 1. Acabar com um resumo da mensagem.
> 2. Ser engenhoso e surpreender com a frase final.
> 3. Incitar com o chamado a uma ação.

2.7. As transparências

Quando utilizamos este suporte para ilustrar a nossa palestra com textos e imagens, devemos elaborá-las seguindo uma série de critérios para que favoreçam a apresentação, tanto pelo desenho gráfico agradável como pelo seu conteúdo sincronizado com o discurso.

O nome "transparências" vem das lâminas transparentes de plástico usadas com os denominados retroprojetores ou até dos *slides* que se confeccionavam fotograficamente. O termo continua sendo usado nas aplicações informáticas mais utilizadas de hoje, ainda que também se use o termo *slides* (projeções) para designar cada página gráfica que se projeta na tela e que provém do nosso computador pessoal.

O *software* para elaborar ou editar as transparências e sua posterior visualização no monitor e na tela de um projetor de vídeo é hoje muito potente e permite muitas possibilidades, até elementos multimídia como arquivos de som, vídeo, fotos e um amplo leque de efeitos de transição entre imagens. Além disso, podemos incluir notas na margem para lembrarmos do discurso enquanto é projetado. O uso dessas aplicações informáticas de forma eficaz pode ajudar muito para o sucesso da palestra.

Dentro das normas e dos critérios de elaboração e uso das transparências, vale dizer que não devemos abusar dos efeitos técnicos. É preciso usar a ferramenta de forma comedida e como um apoio à nossa mensagem, não para fazer uma demonstração espetacular do que a informática multimídia é capaz de fazer. Deixemos essa tarefa para as apresentações de produtos de informática que devem utilizar esses argumentos para seduzir o público. Para o restante dos temas, não devemos cair na loucura tecnológica. As transparências são um grande apoio, porém, o mais importante é o nosso discurso, nunca os audiovisuais.

> **AS REGRAS DE OURO**
> 1. O mais importante é o que estamos falando.
> 2. Qualquer apoio visual é sempre secundário.
> 3. As transparências devem estar elaboradas de forma clara e simples.

2.7.1. Estrutura das transparências

A projeção de transparências é como um filme, mas com imagens e textos fixos ou em movimento, por isso, é necessário atender às normas de composição gráfica e bom gosto. Devemos elaborar as transparências tendo presente o que vamos dizer com a palavra ao mesmo tempo que se projetam as imagens na tela, de forma que apoiemos a mensagem com um desenho atrativo que não distraia o público com objetos demais, cores e efeitos fora de contexto.

A primeira transparência deve conter o título da apresentação, com algum subtítulo, o logo da nossa empresa e o nosso nome e cargo, além de algum elemento gráfico ou foto que ilustre o tema que será tratado. Podemos colocar todas as transparências em projeção consecutiva ou também, a partir de uma pauta, ir desenvolvendo cada capítulo, como um tronco raiz e seus diferentes galhos. Em qualquer caso, sempre é bom que a segunda ou a terceira transparência seja um resumo ou agenda do que se verá na apresentação, e a penúltima, uma lista de conclusões. A última transparência deve ser reservada para o logo da nossa empresa, com uma última frase de agradecimento pela atenção dispensada.

Primeiro se elaborará um padrão ou *master slide* que incluirá o jogo de cores e a caligrafia que deve ser utilizada, o logo da empresa em um canto, o rodapé com data e os elementos gráficos comuns, como a cor de fundo e algumas linhas de desenho. As aplicações informáticas já têm uma biblioteca de *templates* para poder escolher a que melhor se ajustar ao nosso tema, ainda que sempre possamos desenhar uma própria ou encarregá-la a profissionais de desenho gráfico. Todos os elementos desse padrão estarão presentes em cada uma das transparências.

Cada página ou *slide* deverá ter um título com subtítulo que reflita o seu conteúdo. Embaixo colocaremos frases curtas que indiquem argumentos, atributos ou características, porém, com um máximo de seis linhas, evitando a excessiva quantidade de texto de leitura lenta. Não é bom encher a tela com frases muito longas em letra pequena de difícil leitura. Devemos tentar que a tela contenha alguns textos em uma ou no máximo duas colunas de forma limpa e clara.

Também podemos acrescentar mensagens relevantes e fatos reconhecidos que apóiem o nosso discurso. A foto ou o desenho se ajustará à exposição buscando ilustrar graficamente o texto escrito. Vejamos um exemplo típico de uma transparência *standard*:

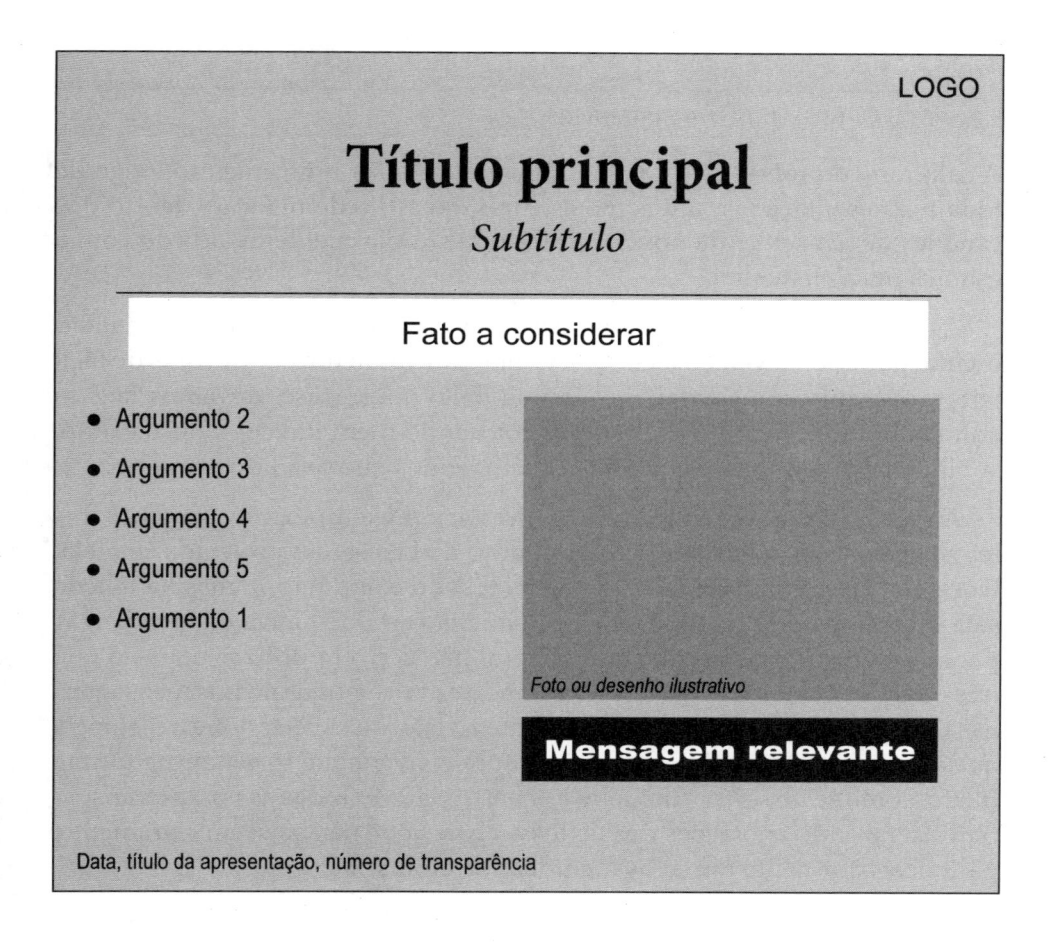

2.7.2. A *forma das transparências*

- Devemos manter coerência e homogeneidade na elaboração das transparências, sendo claros nas frases, com letra e cores de fácil leitura.
- Utilizemos um estilo atrativo porém simples, com fotos sugestivas e frases bem pensadas.

2.7.3. O *conteúdo das transparências*

- Devemos escrever a informação necessária e suficiente para reforçar o nosso discurso, que seja fácil de seguir e que esteja bem estruturado.
- Devemos surpreender com cada transparência, sejamos engenhosos.

2.7.4. O *texto nas transparências*

A caligrafia ou fontes que vamos utilizar devem ser uniformes ao longo de toda a apresentação, assim como as cores e o estilo de redação, dentro dos cânones de *marketing* da nossa empresa ou simplesmente de acordo com a estética mais elementar.

As páginas não devem ser confusas. Pensemos que o público lê enquanto escuta, por isso, devemos facilitar a tarefa utilizando formas e estilos de fácil leitura. Se quisermos enfatizar alguma palavra ou frase, devemos fazê-lo aumentando o tamanho da letra ou colocando-a em itálico, e destacando, sublinhando ou colorindo aquilo que quisermos que seja lido primeiro.

A escolha das cores das letras é delicada; por exemplo, os vermelhos fortes são cores saturadas que se vêem muito mal ao serem projetadas na tela. Devemos fazer então um ensaio não na tela do computador, mas na tela da sala e veremos que certas cores mudam e, à certa distância, há problemas para a sua visualização correta. Em geral não convém utilizar mais do que três ou quatro cores para os textos. Quando escrevemos as nossas mensagens nas transparências, devemos ter presente a visão do espectador e a distância que vai ficar o último deles, sendo sempre conveniente se sentar na última fileira, como se fôssemos um deles e, a partir daí, ver todas as nossas transparências, fazendo anotações dos textos ou cores que não se vêem claramente, para posteriormente tomar as medidas corretoras.

Para que o público faça uma leitura confortável, não devemos utilizar frases com todas as letras em maiúscula, em negrito ou com caligrafia gótica ou romana; devemos usar letras atuais que sejam atrativas na tela e que tenham o tamanho adequado. As letras grandes demais se impõem muito e as pequenas não se vêem. Devemos considerar que na sala teremos pessoas com a vista cansada, míopes ou sentadas distantes da tela.

Para destacar algumas palavras, podemos escrever utilizando letra maiúscula, embora isso não seja morfologicamente correto. Por exemplo:

A gama completa de Novos modelos de Automóveis.

As letras N e A deveriam estar em minúscula, porém, quando a frase estiver na transparência, representam a variação gráfica similar à inflexão da nossa voz, alegrando a mensagem e enfatizando as palavras Novos e Automóveis.

Podemos fazer um chamado à ação utilizando caligrafias dinâmicas, letras intermitentes ou em movimento ou enquadrando-as com bordas sugestivas, mas sem abusar na profusão desse tipo de anúncio. O desenho gráfico é todo uma arte que devemos respeitar na confecção das transparências.

É preciso aplicar o revisor ortográfico para detectar possíveis erros de ortografia. Se cometermos algum, vê-los bem grandes desvaloriza muito a apresentação e perdemos o respeito e a credibilidade que queremos ganhar do nosso público.

Devemos ler as transparências sozinhos várias vezes para comprovar se as palavras e frases são bem entendidas, além de estarem bem ligadas aos temas sem dar lugar para distração ou confusão. Podemos recorrer a um companheiro para saber o seu ponto de vista. Quando conhecemos bem um tema, podemos cair no erro de acreditar que todo mundo parte dos mesmos conhecimentos e premissas.

As transparências só com texto são um pouco insossas e é preciso colocar alguma foto ou gráfico para amenizar um pouco isso, a não ser em casos nos quais queiramos plasmar a frase lapidar de um autor com categoria, quando é melhor colocá-la completa no meio da imagem sem mais nada e assinar com o nome e o cargo do autor.

Ao relatar o conteúdo das transparências com texto, não devemos ler exatamente o que está escrito, isso o público já vai fazer, mas devemos adornar as frases escritas com algum dado adicional que traga valor agregado ao escrito. É melhor nem mencionar algumas frases escritas para não cair na soberba, como as relacionadas à nossa alta qualidade, posição de liderança no mercado e aquilo que possa parecer prepotente. Só dizendo "Vocês podem ver os dados na tela", já é suficiente e fica mais modesto e elegante.

> **AS REGRAS DE OURO**
>
> 1. Uma transparência por minuto, no máximo.
> 2. Ser correto na gramática e ortografia.
> 3. Cuidado com as cores e os tamanhos.

2.7.5. Gráficos e fotografias

Os seres humanos têm o cérebro orientado para lembrar mais as imagens do que os números ou as letras. Certos objetos ou situações estão diretamente associados a idéias ou sentimentos e só a sua visualização já nos comunica mensagens claras; portanto, os gráficos que possamos incorporar devem aportar informação visual direta ou sugerida que fortaleça aquilo que queremos transmitir e devem ter muita relação com o discurso.

Colocar a foto de um esportista, por exemplo, contribui com uma mensagem de rendimento, força, velocidade e liderança. Existem muitos estereótipos que podemos utilizar. Alguns são óbvios e comuns demais. Para evitar o tédio, podemos utilizar a nossa criatividade e nosso tempo para buscar fotos originais que transmitam a mensagem de uma nova perspectiva ainda não vista. Podemos também utilizar o paradoxo gráfico, ou seja, mostrar uma situação diametralmente oposta que fique divertida e simpática.

As fotos reais têm mais poder alegórico do que os desenhos e são muito mais vistosas, aproximam mais as mensagens à realidade e aumentam a credibilidade; são fotos reais, não desenhos virtuais. Portanto, sempre são preferíveis aos gráficos. O único inconveniente que apresentam é que ocupam mais espaço no computador, por isso, as apresentações com muitas fotos são pesadas, difíceis de usar e às vezes é inviável enviá-las por *e-mail* para alguém que as solicitar posteriormente.

Podemos incluir também estatísticas e dados numéricos em forma de representações gráficas, como histogramas, retas de regressão, diagramas de tortas, em duas ou três dimensões, que sempre são mais atrativos do que a exposição de tabelas de números. Dado o caráter gráfico da nossa mente, é mais fácil valorizar percentuais de mercado se os vemos como porções de um queijo, do que como percentuais em números. Os gráficos de barras ou histogramas também permitem a rápida comparação de dados numéricos e a correta apreciação do mais vantajoso. Colocando habilmente os eixos de coordenadas, podemos ampliar a comparação visual de maneira que favoreça aquilo que queremos demonstrar.

A inclusão de fotos junto ao restante dos textos na transparência deve seguir uma norma visual determinada. Se tudo aparecer ao mesmo tempo na tela, pode confundir e distrair a sala. Pensemos que o olho humano tende a ver primeiro o quadrante inferior direito, a não ser que haja algo nos outros três quadrantes da imagem que se destaque muito.

O que é mais importante: o texto de características, a foto, a frase de impacto, o título, outro gráfico? Em cada caso devemos escolher o que é de mais impacto e colocá-lo no quadrante principal, enfatizando isso de alguma forma.

É preciso evitar que a transparência tenha coisas demais, já que a vista do público estará passando desordenadamente de um ponto a outro e isso pode provocar certa confusão visual. As transparências devem ser simples. As mais lembradas sempre são aquelas que têm somente uma grande foto e uma frase curta. Sugerimos a utilização desse formato para começar cada capítulo da nossa palestra e também para o começo e o final.

Nos arquivos da apresentação podemos incluir pequenos vídeos para ver com ou sem som como um parêntese do discurso, contribuindo com um exemplo ou testemunho da mensagem e dando um respiro ao público e ao orador. Inspecionemos com antecedência se a imagem e o som da sala estão bem e não deixemos que no improviso surjam possíveis falhas.

AS REGRAS DE OURO

1. Uma imagem vale mais que mil palavras.
2. Melhor fotos que desenhos.
3. Busquemos cenas originais que dêem vida à mensagem.

2.7.6. *A apresentação das transparências*

Podemos fazer aparecer coisas paulatinamente, conforme vamos falando ou dando cliques com o *mouse* ou segundo um tempo preestabelecido. É possível colocar as diferentes frases ou características uma por uma, ou colocar as fotos no momento adequado. Mais uma vez, não abusemos dos efeitos, só se realmente acrescentarem dramatismo ou surpresa à palestra. Para o palestrante, fica bastante incômodo ter de dar um clique com o *mouse* com cada frase que aparece, além de distraí-lo do verdadeiro eixo do discurso.

Podemos aplicar efeitos de transição entre as diferentes imagens para fazer as mudanças mais amenas. Podemos escolher uma ou duas para toda a apresentação de forma que não cansem a vista do público, fusões suaves para a passagem consecutiva de transparências e alguma transição mais dinâmica no começo dos capítulos, deixando as aparições espetaculares só para o momento estelar da palestra, como pode ser o anúncio de um novo produto. Alguns efeitos podem ser incômodos à visão e podem enjoar o público, como a passagem de esquerda para a direita de cada frase (aparecendo no sentido oposto da escrita ocidental).

A passagem das transparências pode ser automática, com duração predeterminada, porém é mais prático ir passando manualmente segundo o nosso discurso. Às vezes é possível contar com um ajudante que vai passando as transparências a pedido do palestrante. Sugerimos que seja o próprio palestrante quem faça essa tarefa, colocando o computador na sua frente ou utilizando um dispositivo sem fio para o avanço ou retrocesso dos *slides*. É preciso ensaiar o uso desses dispositivos para saber o alcance e até onde podemos nos distanciar. O ajudante nunca vai estar perfeitamente sincronizado com o nosso discurso; o público distrai-se vendo se ele obedece as nossas indicações e, além disso, podemos mostrar certa prepotência da qual é preciso sempre fugir.

Ao passarmos as transparências, procuramos não olhar para a tela que está atrás de nós, girando o corpo. Se fizermos isso, sairemos do alcance do microfone e daremos as costas para o público. É preciso se acostumar a ver as transparências no monitor do computador que temos na frente, de forma que não deixemos de mostrar a cara para o público nem por um instante.

É importante ensaiar com o computador para se assegurar de que as teclas de avanço e retrocesso funcionam corretamente e não ter imprevistos. Devemos evitar chamar um técnico porque não sabemos resolver problemas. Não fica nada bem culpar publicamente o computador por suas falhas. Devemos dominar o meio e a situação a todo momento.

O computador possui um ponteiro maravilhoso para assinalar a parte do *slide* que interessa. Refiro-me à seta que aparece na tela e que é controlada pelo *mouse*. Mexendo o *mouse* de forma correta, podemos atrair a atenção do público para um ponto da zona determinada da imagem; dessa forma podemos fazer isso sem utilizar uma caneta laser ou um ponteiro tradicional, pois ao usá-los sempre precisamos dar as costas ao público, o que o distrai. Um palestrante com um ponteiro na mão tende a ficar mexendo com ele em excesso e às vezes estamos esperando o momento em que vai cair no chão ou se machucar com a ponta. Devemos evitar ter algo nas mãos, pois elas sozinhas já são muito eloqüentes sem nenhum objeto entre os dedos.

AS REGRAS DE OURO

1. Devemos ensaiar no lugar em que acontecerá a palestra e com audiovisuais.
2. Não abusar dos efeitos de transição.
3. Não dar as costas para o público.
4. Não ler as transparências.
5. Manejar diretamente o computador.
6. Tomar cuidado com os ponteiros.

2.8. O *vídeo*

Além do apoio audiovisual usado nas palestras, é comum acrescentar projeções de pequenos vídeos que amenizam a apresentação e podem contribuir com dados e informações interessantes.

Para a realização desses filmes é importante contratar empresas especializadas, já que isso exige meios técnicos sofisticados e, sobretudo, a experiência das pessoas que sabem fazer um filme.

Apesar de confiarmos nos profissionais do ramo, sempre é recomendável fiscalizar e verificar que obedeçam aos nossos objetivos como apresentadores e responsáveis pela palestra. Ou seja, devemos planejar cuidadosamente o roteiro com a empresa contratada e verificar os textos, as imagens e o som, para que não se afastem da nossa estratégia.

O vídeo tem um alto custo de realização, sobretudo se o fizermos espetacular, com alto conteúdo tecnológico, mas isso só se justifica em grandes eventos ou em apresentações repetidas em diferentes lugares, de forma que possamos amortizar seu custo pelo alto número de pessoas que o vêem e, assim, pelo negócio gerado.

Às vezes podemos utilizar vídeos feitos em outros países, sobretudo se trabalharmos em uma multinacional. Nesses casos, sempre é desejável traduzir o áudio do vídeo. Devemos supervisionar não só a tradução, mas também a dublagem, para verificar se dizem as coisas como os nossos clientes estão acostumados a ouvir. Às vezes, as dublagens feitas em outros países utilizam regionalismos que não são adequados; outras vezes, os atores da dublagem mudam as palavras do texto traduzido para que coincidam com os movimentos labiais da pessoa na tela. Portanto, sempre é recomendável estar presente na dublagem para assegurar-se de que a dicção é a correta também do ponto de vista comercial. As dublagens também podem ser feitas utilizando voz em *off* e deixando a trilha de áudio original como fundo; esta modalidade, típica em muitos documentários, é mais econômica e facilita a tradução, ainda que diminua a dramaticidade.

O filme ou vídeo curto é editado para ser projetado em DVD ou pelo computador de forma que seja de acesso imediato e controlável pelos técnicos de áudio que manejam também esses equipamentos. Devemos cuidar para que tudo esteja integrado e muito bem ensaiado nos momentos certos durante a apresentação.

Podemos classificar os vídeos em três modalidades que atendem a três propósitos diferentes:

O vídeo de imagem, de curta duração, de dois a três minutos no máximo, e que costuma ser utilizado para o começo da apresentação ou antes e depois dos intervalos, como meio para chamar a atenção do público e passar uma boa imagem. Esses vídeos são geralmente realizados com imagens muito atraentes, música agitada e efeitos espetaculares. Neles se introduz o nome e logo da empresa e algumas mensagens gerais. Às vezes, *spots* publicitários em suas versões longas podem servir para esse propósito.

O vídeo testemunhal, quer dizer, quando um ou vários clientes de nossa empresa dão testemunho de como gostam dos nossos produtos e serviços. Nesse caso, a duração pode ser maior, mas nunca mais do que dez minutos. Convém que as empresas que dão testemunho sejam de reconhecido prestígio entre o nosso público e liderem seu setor, de forma que seu âmbito de influência seja amplamente reconhecido. Também é importante que se apresente informação interessante sobre as causas de terem escolhido a nossa oferta e os benefícios conseguidos ao utilizar os nossos produtos e serviços. Esses vídeos são úteis em propostas de alto valor ou projetos de envergadura.

O vídeo de demonstração é o de maior duração, já que mostra muitos detalhes dos produtos ou serviços que queremos divulgar e inclui um aspecto mais técnico. Esse tipo de vídeo ou demonstração enlatada pode ser colocado no computador que utilizamos para projetar os *slides* e nós mesmos podemos manejá-lo. A recomendação, em relação às demonstrações técnicas em vídeo, é que provem que o produto é bom enfatizando os diferenciais que podem chamar mais a atenção, mas sem que a demonstração seja longa ou chata demais.

Em geral, para todos os vídeos, ainda que o conteúdo seja sério, sempre é preciso cuidar dos detalhes estéticos com uma boa realização profissional. Devemos fugir de vídeos caseiros e fiscalizar de perto os profissionais.

> **AS REGRAS DE OURO**
> 1. Utilize vídeos profissionais.
> 2. Traduza os textos e faça dublagem do áudio.
> 3. Devem ser breves, interessantes e criativos.
> 4. Bem sincronizados com as apresentações.

EXERCÍCIO PRÁTICO 2.1

Antes de desenvolver suas habilidades como apresentador e aprender a realizar uma palestra com sucesso, faça alguns exercícios para comprovar que entendeu as pautas para uma boa apresentação.

O exercício servirá para praticar principalmente a seleção do público e o cálculo do perfil médio das pessoas que vão assistir.

EXERCÍCIO

Escreva o esquema de uma apresentação realizada por você mesmo, para um grupo de dez amigos, sobre as vantagens de passar as férias em um país determinado, cujo encanto o tenha conquistado quando o visitou há alguns anos. A apresentação deve ser feita em 30 minutos, utilizando transparências e outros meios oportunos. Além disso, faça um resumo desta de dez minutos e outro de somente três.

É recomendável começar escrevendo claramente o objetivo da palestra e acrescentar outras metas de caráter secundário ou mais pessoal. Revisemos imediatamente o perfil do nosso público e façamos uma análise de suas características como:

— Idade, sexo, nível cultural, possibilidades econômicas.

— Conhecimento sobre o país a ser visitado, gosto por viagens, preferências pessoais por cidades, gastronomia, compras, natureza etc.

— Interesse em ouvir a nossa palestra.

Não hesite em utilizar o maior tempo possível nesta parte da preparação, porque a correta definição do público dirá diretamente como deve ser sua palestra, o que devemos contar e o que devemos omitir. Será muito mais fácil escolher as mensagens assim como o apoio audiovisual.

Podemos fazer uma tabela com os nomes dos presentes em cada fileira, colocando em cada coluna uma das características mencionadas. Abaixo, pontuaremos de 1 a 5 cada pessoa e seu maior nível em cada função.

Depois, prepare um esquema do corpo da apresentação, os diferentes capítulos com seus títulos e apoio gráfico, dados a comentar, comparações, alguma anedota simpática etc.

Agora pense na abertura. Crie um começo original e simpático, porém breve e que coloque sua platéia em um estado de interesse, com vontade de ouvir.

Escreva as conclusões finais como um resumo das principais mensagens. Coloque uma ação ou proposta que será realizada por seus amigos. Pense também em um encerramento descontraído com uma frase famosa.

A segunda parte deste exercício consiste em resumir a palestra já preparada em três ou dez minutos. Essas minipalestras permitirão ver realmente o que é básico e fundamental para convencer o nosso público; aquilo que precisamos enfatizar mais, já que serão os elementos-chave do sucesso e que normalmente são os diferenciais de nossas ofertas competitivas.

Uma vez realizados os esquemas dessas apresentações, leia várias vezes o texto e tente melhorá-lo cada vez com alguma mudança, acrescentando detalhes relevantes ou modificando até mesmo o formato geral se não se sentir confortável. Devemos ler o que preparamos na perspectiva de alguém do público, tentando sentir o que essa pessoa sentiria se nos ouvisse sentada tranqüilamente na sala.

EXERCÍCIO PRÁTICO 2.2

Tente fazer agora um exercício para praticar a busca de dados e informações e elaborar, com tudo isso, uma apresentação digna de um especialista.

O *design da apresentação* **69**

EXERCÍCIO

Prepare uma apresentação de apenas 15 minutos para um auditório de 40 pessoas, para convencê-las a praticar um esporte que pratique e goste, porém no qual não seja um grande especialista.

Defina o perfil médio do público como pessoas entre 30 e 40 anos, classe média, boa saúde e interesse pela vida sadia.

Busque informações para preparar uma apresentação com computador, utilizando fotos, dados e outras necessárias para realizar esse esporte, como lugares onde aprender sua prática, equipamentos, competições, limitações, benefícios fisiológicos e sociais, custos etc.

É possível recorrer à Internet, revistas esportivas ou até tentar falar com algum praticante habitual desse esporte para que nos assessore. Compare as informações para se assegurar de que não incorreu em erros, de forma que tudo o que contar seja real e verdadeiro. Tente ser exato e preciso nas informações que manejar.

EXERCÍCIO PRÁTICO 2.3

Este último exercício do segundo capítulo está preparado para aprendermos e desenvolvermos as habilidades na edição de transparências, utilizando um computador e os programas de apresentações mais típicos que temos no mercado.

EXERCÍCIO

Prepare uma apresentação para um grupo de responsáveis pela formação dos funcionários de várias empresas, chefes de formação ou de recursos humanos. O assunto é a venda de sua empresa e de você mesmo como professor para oferecer cursos de apresentações eficazes aos funcionários das empresas representadas em sala.

Em 20 minutos, prepare um primeiro roteiro e depois algumas transparências que permitam convencer que você é a melhor proposta didática para os funcionários e que aqueles que receberem seu treinamento serão capazes de fazer apresentações em público com sucesso absoluto.

Você precisa vender conceitos, serviços e não produtos físicos, pelo que deve mostrar com fotos e mensagens sua qualidade profissional e os benefícios que será capaz de trazer. Use como base a experiência, as referências de seus clientes e o alto nível de comprometimento em sua companhia.

Edite as transparências segundo o roteiro, revise-as várias vezes e acrescente ao final uma abertura e um encerramento segundo o que aprendeu neste capítulo.

RESUMO

O design de uma boa apresentação é fundamental para o sucesso e é preciso dedicar-lhe o máximo de tempo possível para que tenhamos bem planejada toda a nossa palestra e previsto qualquer incidente.

Devemos cuidar detalhadamente do conteúdo da palestra assim como da forma de fazê-la.

As três partes fundamentais – abertura, corpo e encerramento – da apresentação devem cobrir os objetivos que buscamos e estar perfeitamente sincronizadas e cronometradas.

Na abertura cabe fazer uma introdução criativa e que surpreenda, ao mesmo tempo que seja descontraída ou divertida. Também devemos incluir a agenda da palestra e o objetivo que trazemos.

O corpo da apresentação deve ser estruturado em uma sucessão de capítulos perfeitamente ligados e deve incluir algumas anedotas e exemplos para ilustrar e amenizar a exposição.

O encerramento deve conter as conclusões finais, as mensagens principais, chamados à ação e um final engenhoso que deixe um bom sabor na boca.

As transparências ou vídeos que utilizarmos na apresentação são um importante apoio para as nossas palavras, porém não são o mais importante. O mais importante são as nossas palavras.

Devemos tomar cuidado com design das transparências para que sejam atrativas, fáceis de ler e sincronizadas com o discurso. Devemos ilustrar com fotos para enviar alegorias daquilo que queremos transmitir.

Na preparação, devemos estudar a fundo o tema e sermos especialistas na matéria, acrescentar reflexões próprias, enriquecedoras e pensar constantemente no público que vamos ter à frente, preparando tudo para que a apresentação seja instrutiva e agradável.

Não poupe esforços para melhorar as apresentações; sempre há detalhes que podemos mudar ou acrescentar para conseguir uma maior perfeição.

Capítulo 3

A realização da apresentação

Chega o momento de demonstrar tudo que aprendemos e ensaiamos. O anfitrião da noite acaba de dizer nosso nome e, ante um silêncio absoluto e a expectativa de muitos olhares, entramos no palco e começamos.

Devemos despertar a atenção e o interesse, usar a empatia, ganhar a credibilidade, motivar e convencer. Para isso, empregaremos nossas habilidades como oradores e o conhecimento do tema a ser exposto, ajudado com exemplos, citações e dados, trabalhando as críticas e os tópicos, além de responder às possíveis perguntas com rapidez e acerto.

3.1. A *entrada no palco*

Falar em público nos faz ficar nervosos proporcionalmente ao número de pessoas na platéia. Esta pequena piada não é um dogma, embora seja válida para os novos apresentadores; os veteranos poderão dizer que uma sala meio vazia é mais frustrante que um estádio com cem mil espectadores, ou que produz mais angústia a falta de conhecimento do tema a ser exposto ou a nossa pouca preparação.

Há atores profissionais que sentem frio no estômago antes de entrar no palco e, na noite anterior a uma estréia, não conseguem dormir; portanto, não é preciso se preocupar por ter esse medo do palco, mas assumi-lo como parte do trabalho a ser realizado. Inclusive, é bom ter certo grau de estresse controlado que nos motive a ficarmos radiantes no palco.

A prática vai minimizando a angústia e o nervoso, mas convém ter à mão certos truques.

Está comprovado que, quando se está nervoso, há uma diminuição na secreção salivar, por isso é sempre bom ter água à mão. Mesmo que entremos no palco e isso não pareça ser um problema, poderemos estar com a boca seca em poucos minutos, o que pode levar a dificuldades na hora de pronunciar alguma palavra. Uma norma é passar pelo banheiro antes de entrar, beber água, observar nosso aspecto no espelho e dizer uma frase para nossa auto-estima.

> *Os antigos hebreus davam um tipo de pasta de arroz aos prisioneiros nos interrogatórios, como método para saber se diziam a verdade. Quando mente, o ser humano tende a reduzir a saliva e, portanto, é muito mais difícil engolir o cereal branco.*

Outra norma antes de entrar no palco é respirar fundo pelo nariz, enchendo o estômago de ar e soltando lentamente; assim nos oxigenamos e reduzimos a tensão. É muito útil e sempre nos ajuda praticar técnicas de relaxamento acompanhadas de visualizações mentais de lugares idílicos, enquanto dizemos mantras para nos tranqüilizar.

A respiração profunda significa aspirar pelo nariz durante quatro batidas de nosso coração enquanto seguramos o ar no ventre, mantendo o ar durante duas batidas e soltando-o em outras quatro batidas. Depois de várias respirações profundas, poderemos ampliar o esquema para seis-três-seis batidas. Os lugares idílicos sobre os quais podemos pensar podem ser alguns que conhecemos pessoalmente e que tenham nos espantado pela beleza; já os mantras são palavras ou frases que associaremos a idéias e ações de forma automática, uma espécie de ordem interna a nosso corpo que obedece de forma automática.

Quando for nossa vez de falar e tendo à nossa frente um grupo grande na expectativa, em um silêncio que pode chegar a ser imponente, devemos nos fixar somente em uma pessoa da primeira fileira e falar com ela como se fosse a única na sala. Usemos nossa vista como se fosse uma lanterna e foquemos em outras pessoas da sala, uma a uma de forma aleatória e transmitindo nosso discurso com a maior ênfase e entusiasmo.

Às vezes, produz-se uma total afonia e um suor repentino. Se a falta de voz puder ser muito notada, o que nos deixa mais nervosos ainda, podemos beber água, aproximar-nos do microfone e começar a cumprimentar uma pessoa (amiga) ajustando nossa respiração.

Alguns oradores usam um objeto entre suas mãos para diminuir seu nervosismo ou porque não sabem o que fazer com elas. É um grande erro não empregar a linguagem das mãos, que aumenta muito a credibilidade. Devemos costurar os bolsos do terno para evitar a tentação de colocar as mãos neles.

Nunca peçamos desculpas por estarmos nervosos, mesmo que seja fácil notar. Pensemos no que devemos dizer. É nosso trabalho e viemos aqui para fazer uma apresentação; portanto, comecemos JÁ.

A norma é falar devagar, mas pensar rápido.

Muito menos devemos fazer um teste com o microfone dizendo o conhecido: "vocês estão me ouvindo aí atrás?". Simplesmente, devemos ajustar a distância no caso de a estante ser fixa e golpear levemente para ouvir o ruído na sala e assim verificar que está funcionando corretamente. As provas de áudio devem ser feitas antes de começar. Algumas vezes, o apresentador golpeia o microfone e diz: "sim, testando, estão me ouvindo?", quando o apresentador anterior tinha acabado de falar pelo mesmo microfone e todos ouviram perfeitamente. Tudo isso é fruto do nervoso e da falta de experiência.

Falar rápido gera estresse, por isso convém pronunciar devagar. Se somos pressionados pelo horário, podemos sintetizar as mensagens sem entrar em detalhe; assim, a pressão do tempo não nos provoca agonia.

Podem aparecer situações imprevistas que gerem sobressaltos, como falhas técnicas nos audiovisuais, ruídos repentinos, cortes de luz, intervenção espontânea do público ou inclusive alguma indisposição interna. Cada interrupção possui distintas formas de tratamento segundo a experiência do orador e o contexto da palestra, desde a indiferença absoluta como se nada houvesse acontecido, até o comentário engenhoso que salva a situação, mas a regra de ouro é ter sempre um plano B que inclua um companheiro capaz de nos substituir se tudo dá errado. Situações catastróficas como cair do palco ao tropeçar em um cabo fazem com que essa palestra seja a mais lembrada por todos no futuro; usemos essa inconveniência para melhorar o nível de interesse do público.

Truques e técnicas para acalmar os nervos:

- *Beber água antes de começar e tê-la à mão durante o discurso.*
- *Respirar fundo e devagar várias vezes.*
- *Entrar com o corpo erguido e caminhar pausadamente.*
- *Olhar para uma pessoa a cada frase.*
- *Pensar no que devemos fazer e dizer, não em nosso nervosismo.*
- *Visualizar que estamos fazendo tudo direito.*
- *Praticar previamente o relaxamento muscular.*
- *Ter na mente um mantra de ânimo e coragem.*
- *Assumir o nervosismo como algo bom para nosso êxito.*
- *Saber que o nervoso vai passar logo.*
- *Ninguém vai notar que estamos nervosos.*
- *Tudo vai sair bem porque já foi testado e ensaiado antes.*
- *Ganhar habilidade e experiência como apresentadores.*

Muitas vezes estamos muito aflitos pensando que nosso nervosismo está muito evidente e isso nos deixa ainda mais angustiados. A menos que nosso rosto fique vermelho, que gaguejemos ou que as mãos tremam, na maioria dos casos ninguém ou só poucas pessoas perceberão nosso nervosismo; portanto, não devemos pensar mais nisso e seguir adiante, pois temos um trabalho a fazer. Pensemos unicamente em nossa apresentação e concentremo-nos só em contar o que preparamos com tanto esforço e dedicação.

3.2. O *tempo*

Talvez seja o único bem não recuperável e o permanente inimigo de qualquer apresentador. Quando nos convidam para assistir a uma conferência ou apresentação, uma das primeiras perguntas que fazemos costuma ser "quanto tempo dura?", esperando o pior, já que experiências anteriores nos previnem frente a sessões intermináveis, que tornam válida a sentença de que a melhor maneira de entediar alguém é contar tudo.

> **A duração de uma apresentação deve ser como a minissaia: suficientemente curta para despertar expectativas, mas suficientemente longa para cobrir o mais importante.**

Alguns apresentadores não prestam atenção ao tempo de sua palestra, e outros mais sádicos castigam seu público alongando a exposição com a idéia de que assim convencerão mais e melhor, imitando Fidel Castro com eternos discursos nos quais muitas vezes começam a acontecer baixas entre o público e acabam com o seu frustrante desfile até a porta de saída.

Na maioria das vezes, passar do tempo previsto é fruto da falta de ensaio e cronometragem do discurso ou da inexperiência ou da pouca consideração com nosso sofrido público. É preciso ter claro que o tempo não é desfrutado, mas cumprido.

Atualmente, as apresentações condicionam-nos a resumir e sintetizar, mas, sobretudo, a contar coisas novas que interessem e não aquelas óbvias ou já conhecidas, argumentos vagos e demagogia barata. Embora seja um pensamento antigo, existe uma máxima que diz "o que é bom, se breve, é ainda melhor", mas parece que ainda há pessoas que não ouviram tal sentença.

Se dispusermos de 30 minutos, devemos criar uma palestra para 20 e teremos uma margem para desenvolver melhor algum ponto ou responder a algum comentário. Uma norma, quando se usa computador ou retroprojetor, é não empregar mais transparências que minutos de nossa palestra. Uma palestra de meia hora não deveria ter mais do que 25 transparências.

Devemos ficar com o relógio à vista; alguns o colocam sobre a estante para que sua consulta seja mais dissimulada. O ideal é que o moderador ou alguma pessoa do fundo da sala nos avise, cerca de cinco minutos antes de que se cumpra o tempo para que possamos colocar as conclusões e a mensagem de encerramento sem atropelos. Mas, se devemos olhar para o relógio, façamos sem problema; é melhor olharmos nós do que o público.

Como moderador, já usei um método futebolístico com bons resultados: mostrar um cartão amarelo ao orador, quando alcança os cinco minutos anteriores ao final, e um vermelho exatamente quando o tempo se encerra. Devo dizer que nunca cheguei a expulsar alguém.

O tempo da palestra está condicionado por muitos fatores, além do próprio tema a tratar. Por exemplo, se o público for pequeno, é recomendável reduzir a duração de nossa intervenção e provocar mais o diálogo e os comentários.

A sensação de passagem de tempo é muito subjetiva, e os minutos não parecem que duram o mesmo se nos divertimos ou ficamos entediados. Em apresentações extensas, deveremos incluir mais partes descontraídas e humorísticas, algum vídeo curto, um exemplo e qualquer elemento que, sem romper a estrutura da exposição, faça com que a palestra seja mais suportável. Para fazer com que pareça mais curta, devemos usar transparências sugestivas e atrativas e, sobretudo, a inflexão da voz e todas as técnicas de oratória a nosso alcance.

Em palestras curtas, não podemos perder o tempo em frivolidades e devemos ir ao que é verdadeiramente importante. Churchill dizia que empregava dez minutos para preparar um discurso de duas horas e duas horas em um discurso de dez minutos. Assim, quanto menor a duração, mais preparação e mais controle do tempo. Devemos ensaiar com o cronômetro para assegurar-nos de que não seremos chatos.

Durante a apresentação, não devemos aludir ao tempo com frases como "serei breve" ou "já vou terminando para não deixá-los entediados". É um grande erro perder tempo nos desculpando e muito mais reconhecendo nossa capacidade de aborrecer o público. Se estamos nos sentindo agoniados pelo pouco tempo que temos, conseguiremos contagiar o público, e o protagonista da apresentação será "o tempo" e não nós.

Tampouco a solução é falar depressa ou passar as transparências rapidamente, devemos resumir selecionando só o essencial. As transparências, cujo conteúdo não há tempo para ver e ler, produzem uma má sensação no público, que pode pensar que não queremos que veja claramente as letras pequenas de nossa proposta. Falar depressa deixa todo mundo nervoso e só faz com que nossas palavras não sejam bem entendidas; os sistemas de microfonia podem produzir reverberações em locais com acústica ruim e, por esse fato, devemos falar mais devagar do que o habitual, para que se compreendam bem as palavras.

Podemos reduzir a duração de nosso discurso eliminando as retóricas desnecessárias, a menção de dados colaterais irrelevantes, a leitura de todas as frases escritas em nossas transparências e a explicação de tudo aquilo que é óbvio. Resumindo, concretizemos a mensagem no que é importante, que deve ser o que é novidade e o que é prático.

Devemos acabar antes que nosso público esteja querendo que termine.

Ninguém se queixa de que uma apresentação foi mais curta do que o previsto; ao contrário, quando demoramos menos, eles nos agradecem e muito. Se nosso público se acostuma a nossa seriedade em relação à duração prevista das palestras, teremos maior fidelidade na assistência a outros eventos, e o rigor na pontualidade se trasladará a todas nossas mensagens e a nossa imagem. Se ao acabar alguém nos diz que foi curta, podemos considerar isso um grande elogio e teremos ganhado um amigo.

A duração prevista deve e pode ser modificada durante a apresentação em função de como vemos nosso público e seu grau de interesse, mas sempre para menos e nunca para mais. Só podemos alongar um pouco a apresentação na parte de pedidos e perguntas, e só se houver um grande consenso geral.

Diz o ditado espanhol que:

> *"O primeiro e principal é*
> *ouvir a Missa e almoçar*
> *mas se se está com pressa*
> *pode-se pular a Missa"*

AS REGRAS DE OURO

1. Ter um relógio sempre à vista.
2. Cronometrar previamente a duração da palestra.
3. O que é bom, se breve, fica melhor.

3.3. A empatia

Esta característica supõe assumir o papel das pessoas sentadas na sala, colocando-nos no lugar de nosso público e identificando-nos com seus problemas e inquietações. Ser, definitivamente, um deles.

Conseguir a empatia facilita a comunicação e aumenta a credibilidade do orador. Para alcançar isso, é preciso gerar um substrato de opiniões comuns, apresentando afirmações que demonstrem que entendemos perfeitamente os desejos e inquietudes do público em torno do tema que está sendo tratado.

Para isso, é útil o uso dos pronomes pessoais, sobretudo o "nós", referindo-se ao público e ao apresentador juntos, para gerar cumplicidade e comunhão de idéias. Aqui podemos acrescentar alguma experiência pessoal que ocorreu quando éramos precisamente uma pessoa similar a qualquer outra. Essa anedota deve ser contada como uma confidência em tom intimista e baixando um pouco a voz.

Aproximar-se fisicamente do público e chegar, inclusive, a tocar no ombro ou no braço de alguém como se se tratasse de um amigo de toda a vida, passear entre as fileiras de poltronas, dirigindo nosso olhar a pessoas escolhidas ao acaso, são ações que ajudam enormemente para criar esses laços humanos intangíveis que são tão importantes para o êxito da palestra.

3.3.1. Formal ou informal?

Esta pergunta deve ser respondida antes de entrarmos no palco e nunca deixar para resolver o dilema durante a apresentação.

O tratamento do idioma é uma das bases dos bons modos, da imagem e do nível de aproximação ou distanciamento entre público e apresentador.

Com a desculpa de que somos jovens e modernos e de criar um ambiente relaxado, muitos oradores novatos empregam a informalidade em fóruns grandes e na frente de pessoas desconhecidas de idades diferentes. Não acho que hoje em dia alguém do público se sentirá ofendido por isso, mas se usamos uma forma um pouco mais formal, mesmo que discreta e sutil, daremos uma melhor imagem como profissionais. Sugiro empregar a informalidade só em pequenos fóruns e com pessoas conhecidas; no resto das ocasiões e se tiver dúvidas, sempre seja mais formal.

3.3.2. Estilo coloquial

O estilo da comunicação deve adaptar-se ao coletivo que nos está ouvindo, buscando a meta da empatia, quer dizer, a capacidade de sintonizar ou de se colocar no lugar do outro. Se falamos a um coletivo de técnicos, procuramos passar mensagens de tecnologia que sejam novidades; se conversamos com vendedores, falamos de oportunidades comerciais, mas sempre de um plano de igualdade no jargão e assumindo o papel de uma das pessoas sentadas na nossa frente. Muitos apresentadores fracassam por falar uma linguagem cheia de *marketing*, quer dizer, com reflexões etéreas gerais, mas sem colocar os pés no chão, sem empatia com o público.

Devemos falar de forma direta e coloquial. Para isso, é muito útil realizar perguntas abertas que estimulem respostas mentais no público. São úteis nas transições de um capítulo a outro dentro da apresentação e convidam à participação e ao envolvimento no conteúdo da conversa. Essas perguntas devem ser formuladas de forma sincera e espontânea. Por exemplo: "Quando os senhores assistem a uma apresentação como esta, não parece às vezes que estão tentando enganá-los?".

É quase impossível que cada pessoa da sala não se surpreenda e reflita sobre a resposta ou, sobretudo, sobre o que vamos dizer na continuação para demonstrar que nossa intenção é sincera e muito distante da presumida enganação.

O exagero na suposta proximidade é outro erro na busca da empatia. Nosso público já tem uma expectativa a respeito de nossa pessoa e ao que representamos em função da idade, do cargo e empresa na qual trabalhamos; portanto, não devemos desapontá-los. A empatia não significa vulgaridade ou cafonice.

Alguns oradores maduros falam aos jovens como se fossem retardados mentais, através do clássico estilo paternalista pobre, com o qual recebem um estrepitoso rechaço do público por tratá-los como crianças. Tampouco convém se colocar no plano do "colega", com uma sala cheia de pessoas que poderiam ser seu filho, mas simplesmente atuar de forma natural e coerente. A empatia tampouco significa bancar o palhaço.

Se apresentamos uma imagem rústica ou desalinhada, teremos jogado no lixo a base do discurso. Em algumas regiões, o calor elimina as gravatas da roupa masculina no verão, mas se realizamos uma apresentação formal como executivos de uma empresa multinacional, todos esperam que a usemos. Isso também ocorre se realizamos uma conferência na universidade, onde poderemos ir sem gravata como os estudantes e muitos professores, mas ao fazer isso podemos perder um pouco da imagem que esperam de nós.

O exemplo da gravata pode ser aplicado à linguagem e ao estilo que devemos empregar. Podemos surpreender com um tom cordial, simpático e entusiasta, mas sem cair na grosseria nem no tratamento depreciativo do público que sempre merece o máximo respeito de nossa parte.

3.3.3. Sensibilidade interpessoal

A heterogeneidade da sociedade atual está aumentando; quer dizer, dentro de um grupo de profissionais de qualquer atividade, encontramos distintas raças, idades, sexos, religiões e origens culturais com os quais devemos ser muito respeitosos. Evitemos as frases ou palavras que possam ofender as pessoas pertencentes a certos coletivos. Mesmo que nossa intenção seja outra, poderemos enfrentar situações difíceis por termos feito comentários irônicos ou sarcásticos que envolvam grupos presentes ou mesmo ausentes. Há uma grande sensibilidade social sobre as discriminações e, por isso, o melhor é mostrar um espírito aberto e compreensivo, de forma a respeitar qualquer classe de indivíduo, não só no discurso, mas também em nossa vida cotidiana.

Se somos muito jovens e, além disso, do sexo feminino, a empatia com um público de executivos homens cinqüentões é um verdadeiro desafio. Como fazer para que nos levem a sério quando esbanjar inexperiência supõe o desafio mais duro de um apresentador novato? Nesses casos é preciso demonstrar muita segurança em si mesmo, não nos basearmos em experiências mas em conhecimentos, transmitir novos impulsos e pontos de vista e recordar (não manifestar explicitamente) que todos começamos algum dia. Não devemos pedir desculpas pela nossa idade nem ficarmos frustrados ante os cabelos brancos, pensemos que são companheiros de profissão e mostremos essa camaradagem de forma respeitosa.

Tentemos fazer com que nosso público seja um grupo profissional homogêneo, dentro da heterogeneidade de qualquer auditório, já que assim haverá elementos comuns que podemos mostrar. Conseguir pontos de encontro é um grande passo para qualquer acordo.

Os líderes naturais caracterizam-se por encontrar soluções boas entre partes enfrentadas, a partir de critérios comuns.

A *realização da apresentação* **81**

Desenvolvamos a empatia em nossa vida diária simplesmente tentando ver e compreender o ponto de vista das demais pessoas; também consideremos os aspectos que compartilhamos.

Sempre existem pontos de encontro que nos permitirão estar de acordo em algo e, a partir dessa posição, poderemos melhorar as relações interpessoais e ampliar as opiniões comuns. Assim será mais fácil poder convencer os demais de nossas propostas.

AS REGRAS DE OURO

1. Empregar o "nós".
2. Criar pontos de aproximação e consenso.
3. Colocar-se no lugar do público.
4. Relatar experiências pessoais.
5. Aproximarmo-nos fisicamente do público.
6. Não exagerar nessa proximidade.
7. Fazer perguntas que obriguem uma resposta mental.
8. Respeitar as minorias.

3.4. Despertar interesse

Você está a ponto de entrar no palco para fazer sua apresentação, e o orador anterior foi chato e soporífero; um colega aproxima-se e pede para você animar o ambiente ou os clientes vão embora e ainda diz que está em suas mãos o fracasso ou o sucesso do evento. É preciso despertar, mais do que nunca, o interesse. O que fazemos?

Precisamos conseguir esse interesse que faz o público se mexer nas cadeiras, jogando-se para frente e despertando de sua letargia. Mas não podemos baixar a guarda, devemos continuar com uma conversa agradável e interessante que mantenha a atenção durante todo o discurso. Se tudo vai mal, poderemos dizer: "Se as pessoas da primeira fila deixassem de fazer barulho, poderiam permitir que as conversas que mantêm os do centro permanecessem em voz baixa, assim não despertariam os que dormem no fundo".

3.4.1. Novidade e relevância

Qualquer coisa nova ou importante (relevante) desperta o interesse do público. É algo consubstancial com o ser humano, mas além disso é absolutamente subjetivo; quer dizer, algo que já vimos ou ouvimos muito pode ser absolutamente novo para nosso público. A mesma circunstância se produz com o que é importante, conceito totalmente relativo a cada indivíduo. Portanto, analisemos bem o público e pensemos em tudo o que para eles pode ser novidade e relevante.

Devemos encher a palestra de novidades, anúncios, coisas que o público não saiba e que sejam apreciadas por eles como novas aplicações de produtos ou procedimentos e receitas para solucionar problemas que lhes atinjam diretamente e que sejam novidades para seus ouvidos.

Também é bom acrescentar acontecimentos de última hora e notícias do dia que estejam relacionadas com a palestra e que possamos incluir no discurso. Se, além disso, mostramos o jornal ou a revista onde foram publicados, aumentamos o interesse pelo ocorrido.

Podemos trazer dados curiosos nunca ouvidos antes acerca de coisas da vida diária e que permitam despertar a curiosidade. Se mostramos uma série de características de um produto, devemos mencionar só as realmente novas. Podemos colocá-las como uma relação entre causa e efeito; quer dizer, mencionar a funcionalidade e o benefício que pode ser obtido.

Quando estamos contando alguma novidade, acrescentemos o comentário de que isso é um furo, algo exclusivo e, portanto, especial, distinto e que eles serão os primeiros a saber. É essencial dar importância ao nosso público, presenteando-o com informações relevantes.

3.4.2. As pessoas

As histórias sobre as pessoas superam em muito aquelas sobre as coisas no que se refere à curiosidade e à atenção do público. O interesse sobre o que acontece com outros seres humanos aparece na grande quantidade de meios de comunicação dedicados a contar a vida dos demais.

Sem cair na imprensa marrom, podemos criar personagens imaginários e deixá-los como coringa se o interesse decair. Por exemplo, relatar um dia típico do meu amigo "Jacinto" com atividades relacionadas com o tema, e usá-lo em duas ou três ocasiões (não mais do que isso) ao longo da palestra para realçar algum ponto interessante, pode ser uma forma descontraída de manter o interesse durante o discurso.

A palavra que qualquer pessoa escuta com maior interesse é seu próprio nome. Se um apresentador menciona nosso nome no palco, isso produz um súbito estado de atenção em nós, de alta intensidade. Outra forma de aumentar o interesse é falar diretamente a pessoas conhecidas da sala para comentar algo que venha à tona e que traga uma referência ou simplesmente que apóie, com uma vivência pessoal, a veracidade de nossas palavras.

3.4.3. Os benefícios para o público

Outros temas de interesse são o sexo, os esportes e o dinheiro. Sobre o primeiro é difícil acertar sem cair na grosseria ou na frivolidade; só admitirão alguma insinuação ligeira mas muito censurada. Com os esportes sempre podemos fazer alguma referência ao time de futebol local ou uma comparação com algum esportista famoso do lugar, alguém próximo e querido do público. O dinheiro, no entanto, traz muito mais resultado.

Se estamos dando conselhos de como poupar dinheiro ou conseguir benefícios econômicos diretos ou indiretos, se apresentamos idéias financeiras para as empresas, é possível conseguir despertar o interesse, mas se os benefícios são para as pessoas, triplicamos a atenção do público.

Muitas apresentações são exigidas pelos espectadores para serem utilizadas em suas empresas e conseguir prestígio e reconhecimento profissional. Portanto, apresentemos idéias para que eles possam obter um benefício pessoal ao aplicá-las ou simplesmente transmiti-las. Sejamos generosos com nossas apresentações e, ao distribuirmos nossas idéias, não poderemos mais usá-las, sendo obrigados a pensar em coisas novas. Sempre a criatividade, acima de tudo.

3.4.4. O público deve trabalhar

Sejamos gráficos e ilustrativos com palavras, não só com a projeção que está passando nas nossas costas. Se descrevemos com a voz e as mãos um objeto, lugar, pessoa ou situação, se contamos as coisas de forma a que o público construa em sua mente a imagem correspondente, estamos fazendo com que sua mente trabalhe e jogue conosco na comunicação e no desenvolvimento de idéias.

Para sermos "gráficos", devemos dar detalhes descritivos, devemos criar as figuras virtualmente diante de nós. Se, em lugar de dizer que um usuário estava farto de ligar para a central telefônica sem conseguir resultados, dizemos: "Jacinto passou muito frustrado a tarde toda, ligou seis vezes ao centro de assistência, ficou duas horas e meia explicando seu problema e ao final pensou em cortar os pulsos", com certeza todos conseguirão ver

Jacinto em sua cabeça e terão se identificado com ele. Com esse exemplo, personalizamos o problema em "Jacinto", quer dizer, em qualquer pessoa do público, e a descrição detalhada permite-nos imaginar a pobre vítima da síndrome do *call center*.

3.4.5. Objetos na mão

Uma imagem vale mais do que mil palavras, mas um objeto vale mais que mil imagens. É a materialização real da mensagem, algo que existe fisicamente e que se pode tocar; portanto, dá credibilidade a nossas palavras.

Se mostramos um objeto relacionado com nosso discurso, a sala passa por um súbito e pontual interesse, por ser uma novidade no palco e sempre surpreendente, em qualquer apresentação.

Podemos empregar este recurso só durante o tempo em que o estejamos descrevendo ao público e sem perdê-lo de vista para ver sua reação, evitando a tendência natural em muitos apresentadores de olhar para o objeto em lugar de olhar para a sala.

Verifiquemos que o objeto que estamos mostrando pode ser visto do fundo da sala, com suficiente claridade; caso contrário, não devemos mostrá-lo. Mas, sobretudo, não devemos cair no erro de passá-lo para as pessoas da platéia, já que distrai muito quem está vendo e tocando e o resto dos espectadores que observam quando poderão analisá-lo, em lugar de prestar atenção na nossa apresentação.

O interesse pelo que contamos começa no próprio apresentador, que deve estar, primeiro, atraído pelo tema para poder transmiti-lo aos demais.

Despertar interesse é o primeiro passo para conseguir influenciar nas ações propostas.

AS REGRAS DE OURO
1. Despertar interesse desde o princípio e mantê-lo durante todo o tempo que dure a palestra.
2. Surpreender com cada transparência.
3. Fazer referências a pessoas, melhor ainda se são parte do público.
4. Ser muito ilustrativo e gráfico.
5. Apresentar conselhos de benefício pessoal.

3.5. Vencer e convencer

Esta difícil tarefa do apresentador é também a do vendedor, do político e do solicitante; em geral, de qualquer ser humano que diariamente enfrenta a vida em sociedade. Todos fomos convencidos alguma vez por alguém de algo, e se isso parece difícil, observemos as crianças: elas não possuem força autoritária para impor seus desejos, só argumentos de bom vendedor baseados na sugestão e na reiteração, em colocar conquistas comuns ou, às vezes, na ameaça, embora essa estratégia não costume funcionar nem com as crianças e muito menos com os apresentadores, por isso a descartamos totalmente.

A negociação a partir do palco tem certas semelhanças com a arte da venda, que deve estar baseada na conquista de um acordo benéfico para ambas as partes. Nada é vendido satisfatoriamente quando um pensa que foi enganado pelo outro; pode-se conseguir o acordo em curto prazo, mas isso não é bom se o que se pretende é construir relações comerciais duradouras, que são sempre fruto do êxito empresarial.

Quando falamos em público, estamos vendendo em toda a extensão da palavra e devemos utilizar as técnicas de negociação clássicas, como criação de interesse, argumentação ou demonstração, desejo de posse e encerramento da venda ou aceitação da proposta. Na oratória moderna, como na venda, cada um desses passos é importante; mas nada teremos conseguido se o negócio não for fechado, a última e definitiva fase do ciclo de venda. O fechamento, nesse caso, é a segurança de que convencemos e de que vencemos.

O sentimento de vencedor não significa que o auditório perdeu; todos venceram, orador e público.

**O perdedor deve ser a concorrência
ou a ignorância.**

3.5.1. Crenças

Todos temos uma série de crenças, dogmas ou convicções mais ou menos sólidas baseadas em fatos que ocorreram, experiências pessoais, aprendizado, tradições, informes e também preconceitos, comentários e fontes de veracidade duvidosa.

A convicção é sólida quando chegamos a ela sozinhos, e efêmera quando é fruto do discurso de um charlatão. Se aparece outra idéia contraposta à que nos contaram, podemos trocar de opinião sem mudarmos, porque no fundo não estávamos convencidos do todo e a idéia nova foi a desculpa que buscávamos.

O ser humano é influenciável e costumamos tomar partido pelas coisas, às vezes de forma consciente. Todos tomamos decisões de compra de produtos de consumo diariamente baseando-nos em apreciações e sem conhecer a fundo as características de cada produto em oferta. É impossível saber tudo, e nos guiamos por idéias recebidas em nossa mente através da publicidade, da moda e do que nos aconselharam outras pessoas. Dada a quantidade de decisões que devemos tomar, é muito duro avaliar as alternativas em cada ocasião e, além disso, é mais fácil e cômodo aceitar o que nos propõem.

Nossa base moral e ética é produto das crenças e não de raciocínios científicos, na maioria das pessoas. Todos somos levados pela tradição, pela moda, pelas correntes de opinião; em maior ou menor medida, somos animais sociais. Seguir a contracorrente é sempre difícil; errar individualmente supõe um maior fracasso do que quando o erro é de todos. Nosso público é um grupo humano que se comporta com parâmetros sociais e é dentro de uma sala de apresentações onde se pode produzir um contágio de opinião entre as pessoas.

Unir nossas idéias a princípios estabelecidos no público é um velho truque empregado desde a antiguidade. Usemos afirmações que não levem a discussões e estabeleçamos um sólido vínculo com o que propomos. Cuidado ao empregar temas religiosos, políticos, esportivos ou sexistas. Os sentimentos de fidelidade nessas áreas são muito sólidos e às vezes podem chegar ao fanatismo. Além disso, podem haver sentimentos contrapostos em nossa sala. Busquemos áreas de pontos de vista coincidentes em cada ocasião, empregando sentimentos comuns do grupo que nos escuta.

3.5.2. A atitude do público

Cada pessoa de nosso público tem, além de suas crenças e seus preconceitos, uma atitude determinada em relação a nossa proposta, como resultado de uma série de circunstâncias do momento presente e que vai desde favorável até totalmente hostil, passando por estados intermediários ou atitudes neutras e passivas.

A atitude e as crenças são, portanto, duas coisas muito distintas, sendo ambas de diferente tratamento na perspectiva do orador, cuja habilidade deve consistir em saber discernir a primeira da segunda. É muito difícil conseguir, em uma palestra, mudar as crenças pelo que só tentaremos alavancar nossas mensagens em fatos evidentes e nunca cair no erro de atacar convicções sólidas.

A forma (não o conteúdo) de nos dirigirmos ao público deve acompanhar cada tipo de atitude em cada caso, segundo o que percebemos ou previamente verificamos. Manter um discurso inadequado às atitudes dá como resultado uma apresentação anódina e, portanto, uma venda perdida.

Quando temos o público em situações favoráveis, devemos ir quase diretamente à proposta de valor e à chamada à ação, com alguma leve referência que consolide nele um sentimento positivo, mas usando o tempo na aceitação de nossa oferta.

Em situações passivas, devemos despertar o interesse com perguntas diretas, contando histórias de êxito e ressaltando os benefícios a obter, de forma a que passem da neutralidade à curiosidade e daí ao interesse e, por último e com sorte, à motivação e ao desejo.

Quando vemos atitudes negativas, contrárias ou inclusive hostis, devemos mostrar a venda da proposta em primeira instância e optar por sermos humildes, ressaltar as características de nosso produto, mencionar suas vantagens competitivas respeitando a escolha que outros tenham feito a favor de nossa concorrência, enfatizar o prestígio de nossa companhia e, se vemos que continua a atitude negativa, optar por tentar novamente no futuro, mas deixando sempre uma porta aberta para, mais adiante, conseguir fazer a venda.

3.5.3. Argumentos, provas e razões

Convencer com argumentos é talvez a forma mais tradicional, embora não seja a única nem a mais eficaz, como veremos depois. Eles devem ser sólidos e cumprir com as seguintes características:

- Sustentáveis, quer dizer, suportados por fatos ou evidências como:
  - Dados oficiais comparados.
  - Dogmas ou axiomas comumente admitidos.
  - Opiniões de especialistas de prestígio conhecido.
  - Modas, tradições ou tendências socialmente aceitas.
- Aplicáveis ao tempo e ao lugar relativo ao tema da palestra.
  - Devemos localizá-los corretamente no momento e com projeção temporal de futuro; quer dizer, devem ser estáveis.

– Relevantes ou importantes.
  • De valor agregado suficiente, de peso específico demonstrado.
– Influentes segundo o critério do público.
  • Devem ser aceitos pelo público como razões convincentes.

Os argumentos não devem se voltar contra nós por serem absurdos, errôneos ou irrelevantes. Devemos evitar que sejam percebidos como ataques pessoais, como sinais de soberba e prepotência e, sobretudo, como tentativas de engano ou fraude de nossa parte. As razões que devem sustentar nossa proposta devem ser sinceras, sérias e honestas.

Quando apresentamos uma série ou uma lista de argumentos para sustentar uma proposta que expomos nas transparências, é recomendável que a razão de mais peso e capacidade de convicção indiscutível seja mostrada e contada por último, já que é a que mais provavelmente será fixada na mente do público. A segunda razão de peso será a que colocarmos em primeiro lugar em nossa lista e o resto das razões fica disseminado entre a primeira (a segunda em importância) e a última (primeira em importância).

A lista de argumentos deve guardar uma certa ordem relacional que evite a dispersão ou a confusão; quer dizer, devemos agrupá-la por conceitos. Não convém colocar muitos, mas só os que sejam contundentes e inclusive devemos deixar algum guardado para a sessão de perguntas. Não é bom soltar toda a munição.

3.5.4. O valor diferencial

Uma forma de apresentar argumentos é mostrar uma lista de comparações entre nossa proposta e a possível da concorrência. Outra maneira é cotejar características existentes em um cliente tradicional com nossa oferta ou, melhor ainda, entre duas novas propostas nossas.

É comercialmente conveniente colocar o cliente no dilema de escolher um entre dois produtos nossos, em lugar de colocar o dilema de escolher entre o nosso e o da concorrência. Ou, pior ainda, entre comprar ou não comprar. Com essa tática fechamos as possibilidades de escolha a nosso favor.

As comparações devem basear-se no denominado Valor Diferencial ou características que só nós temos de forma demonstrável e admitida. A exclusividade e a originalidade são sempre bem admitidas e permitem favorecer quem as lidera. Se este ou estes valores, além de privativos e geniais, são de benefício percebido, estamos perante argumentos definitivos.

Para que o Valor Diferencial seja correto, devemos conhecer perfeitamente a nossa concorrência com todo o luxo de detalhes e assim poder fazer uma análise comparativa exata, já que um erro nesse raciocínio faria com que perdêssemos toda a credibilidade.

3.5.5. A *proposta de valor*

A oferta que fazemos a nosso público deve ser uma frase ou mensagem que realmente tenha um valor percebido, que traga benefícios, que seja original e única.

A forma de apresentar a proposta pode ser simplesmente colocando-a em uma transparência, mas é mais eficaz se a contamos em um esquema de cinco ou três passos:

A proposta AIDDA. Este esquema é clássico nas entrevistas de vendas e pode ser usado também na parte das apresentações comerciais focadas na venda de algum produto ou serviço:

- Atenção, criando expectativas com algo surpreendente.
- Interesse, suscitando a curiosidade para conhecê-lo.
- Demonstração, relatando os argumentos que demonstram sua eficácia.
- Desejo, motivando a implantação ou posse do ofertado.
- Ação, incitando a adoção da proposta de forma imediata.

Outro esquema mais reduzido e menos agressivo, que empregaremos se não quisermos dar ao discurso um ar muito comercial, seria o seguinte:

- Definir o problema que deve ser resolvido.
- Demonstrar que nossa proposta resolve o problema.
- Deixar claro que nossa oferta é a melhor solução possível.

3.5.6. A *sugestão*

A sugestão é outra qualidade, inata às vezes, do bom apresentador. Tem relação com a empatia ou a capacidade de se colocar no lugar do outro; tem relação com a química pessoal que se estabelece entre as ondas cerebrais, com a personalidade avassaladora e a liderança reconhecida, além de, inclusive, com o atrativo pessoal. Ao final, o apresentador que domina a sugestão consegue implantar suas idéias sem se esforçar, sem demonstrar nem provar sua hipótese, como se exercesse um magnetismo incompreensível.

No entanto, não só os grandes oradores são capazes de convencer; o bom apresentador pode construir-se com a experiência e baseando-se em uma série de princípios básicos na arte de falar, como o bom vendedor. Há pessoas que nascem com esse dom, mas a maioria aprendeu com estudo e prática.

Embora hoje em dia todos tenhamos alcançado certo nível cultural e uma maturidade intelectual que nos distancia do hipnotismo de pregadores e políticos da velha escola, que falavam com grande veemência e conseguiam eriçar a nuca do público, não estamos imunes ao poder de sugestão de uma personalidade atrativa. Agora não se conquista o auditório tão facilmente como antes, mas continua existindo encantos e mistérios inexplicáveis em grandes comunicadores que se fazem apaixonar com sua arte da expressão.

3.5.7. O testemunho e a referência

Outra grande ajuda à sugestão é o testemunho ou a referência, quer dizer, a inclusão real de alguém com prestígio a nossa palestra, se possível conhecido localmente e muito próximo à problemática de qualquer pessoa do público, alguém com quem possa se identificar inclusive pessoalmente. O testemunho deve trazer uma vivência completa do problema solucionado com nossa proposta e deve ser contado dessa forma, demonstrando a facilidade da aplicação da receita e os grandes benefícios derivados. Para ser mais real, é preciso situá-lo no tempo presente e em circunstâncias mais parecidas possíveis com as da maioria do público.

Convence mais que outros falem de nossa proposta do que nós mesmos. É mais fácil acreditar em uma matéria na imprensa do que em um anúncio no jornal. Devemos apoiar nossa palestra em outras que mencionem nossas reflexões, com outros oradores que assegurem o mesmo que já dissemos.

3.5.8. A reiteração

A repetição insistente de idéias é outra base da convicção, mas devemos fazer isso de forma criativa, empregando distintas frases e palavras para dizer o mesmo em diferentes pontos da palestra. Usemos frases nas vozes ativa e passiva, coloquemos a mensagem ao princípio e no fim da palestra. O que fica na mente do público é aquilo que se disse mais de três vezes na apresentação.

> **AS REGRAS DE OURO**
> 1. Devemos vender a mensagem apontando vantagens claras.
> 2. Façamos propostas de alto valor agregado.
> 3. Empreguemos testemunhos reais e referências externas.
> 4. Devemos repetir reiteradamente o fundamental.
> 5. Adeqüemos a palestra à atitude do público.

3.6. A *credibilidade*

Conseguir que acreditem em nossas palavras, em nossa mensagem, supõe uma conquista importantíssima para o objetivo de qualquer palestra. Possuir a virtude de transmitir credibilidade dá veracidade a nossas palavras simplesmente por sermos nós que as pronunciamos, sem necessidade de comparar a informação, sem que nosso público tenha nenhuma dúvida a respeito.

Esta característica ajuda bastante em uma apresentação, embora não seja definitiva para convencer e produzir uma mudança de opinião ou uma ação a realizar. No entanto, o contrário, quer dizer, a perda de credibilidade, é um obstáculo intransponível para conseguir nosso objetivo.

A credibilidade é conseguida quando possuímos um reconhecido prestígio como profissionais, como especialistas na matéria ou simplesmente tendo uma imagem de honestidade e seriedade sem discussão. Essa opinião sobre o orador é alimentada mantendo uma atitude constante ao longo do tempo e dentro de um coletivo mais ou menos habitual. Em ocasiões, pessoas que fazem apresentações pela primeira vez conseguem também grande credibilidade entre o público, porque transmitem a informação sob uma série de pautas; mas sempre será o apresentador conhecido que terá maiores possibilidades de gozar da credulidade e da fé cega do público.

As pautas a seguir se baseiam no estudo consciente do tema a ser desenvolvido, que nos darão amplos conhecimentos; a transmissão do bom e do mau com a justiça devida; a precisão dos dados e da informação, sempre verdadeiros e comparados, e um estilo cordial e afável que deve presidir nossa comunicação.

Fatores que aumentam a credibilidade:
1. Prestígio profissional como especialista na matéria.
2. Assegurar a veracidade da informação.
3. Transmitir a informação com precisão.
4. Expor com humildade e com justiça o bom e o mau.

A informação e os dados que apresentamos devem ser novos para o público. Contar o que todos já sabem não ajuda em nada e tira a confiabilidade do discurso. Quando relatamos fatos novos, devemos adorná-los em sua justa medida para conseguir a credibilidade buscada, mas sem aborrecer contando muitos detalhes: só os justos, os que tragam valor.

Os fatos que relatamos devem ser precisos e específicos. Por exemplo, se dizemos "do meu carro nunca vaza óleo", supõe-se uma generalização exagerada que devemos demonstrar; mas se dizemos que "tenho este carro há seis anos e dois meses e nunca precisei repor o óleo do motor; o mesmo ocorreu com três conhecidos meus que possuem o mesmo veículo", nessa ocasião, a credibilidade aumenta por vários fatores: incluímos datas, personalizamos, acrescentamos outras referências e apresentamos tudo sem arrogância.

Para que a informação goze da credibilidade buscada, podemos acrescentar os seguintes dados e comentários:

– Quando e onde se produziu; quer dizer, localizar e dar uma data ao fato.
– Quem o realizou e a quem afetou; personalizar com nomes e sobrenomes.
– Como e por que ocorreu, circunstâncias relevantes que acrescentam veracidade.
– Referências que permitam assentar a informação como um padrão.

Mas empregando só aquilo que seja verdadeiramente relevante, sem aborrecer, e tudo isso contado de forma simples, sem exageros; tentando com que cada pessoa do público tire suas próprias conclusões, tornando sua a informação transmitida.

Procuremos fazer com que os dados que mostramos sejam os mais atuais possíveis. Dizer que nossa empresa era líder no mercado há três anos é água passada que não move moinho e, além disso, leva a pensar que agora já não é mais por alguma razão que queremos ocultar, quando talvez só estamos mostrando o dado de três anos porque o estudo de mercado não foi refeito.

Às vezes, um erro em um dado acaba com toda a nossa credibilidade. Por exemplo, quando mencionamos algo que entra em contradição com o que está escrito em alguma transparência, ou quando em *slides* diferentes aparecem dados contrapostos. Mesmo se forem detalhes irrelevantes, essa falta de coerência faz com que a veracidade de nosso discurso desapareça totalmente.

Um erro muito típico, sobretudo em apresentadores novos e muito entusiastas, é o exagero desmedido. O público entende e admite certo incremento dos qualificativos aumentativos motivados pela paixão vendedora, mas convém não exagerar. Se o que apresentamos está adornado com "isso é o melhor do mundo" ou aumentativos similares, a credibilidade ficará abalada.

A informação impressa sempre supõe um elemento mais real que as palavras, que são levadas pelo vento. Se acrescentamos informação publicada, é muito bom ter à mão o documento impresso que a sustenta, mostrá-lo ao público e citar a data e o meio de comunicação, editorial ou empresa que o publicou.

Nossa credibilidade é um fator, portanto, que pende de um fio; é difícil consegui-la e muito fácil perdê-la. Recuperá-la é também muito difícil, já que faz parte da fama do indivíduo. Tenhamos cuidado especial em manter a fama de verazes e honestos por cima de interesses comerciais. Nosso ativo como apresentadores e como profissionais baseia-se na opinião que nosso público tem de nós.

Se nosso público forma parte do mercado no qual nos movemos durante nossa carreira profissional, não devemos entrar nunca no jogo de partidarismos empresariais que pode danificar nossa imagem profissional para o futuro.

**Credibilidade é o efeito cuja causa
é a honestidade.**

3.7. *Comparações e exemplos*

Durante a apresentação devemos manter um estilo claro, com uma exposição concreta de nossas idéias, com precisão e exatidão nos dados. O interesse e a eficácia da palestra dependerão disso, assim como a credibilidade e a capacidade de convicção.

A clareza está nas palavras, frases, idéias e em todo o esqueleto da palestra. A correta concatenação dos parágrafos é como um trem em movimento em que cada vagão puxa o seguinte, de forma irremediável, e todos chegam ao mesmo tempo ao final do percurso. Essa deve ser sempre a norma do design da palestra, para evitar as más interpretações ou a perda do fio da apresentação.

Ordenemos nossas idéias de forma que a mente do auditório vá seguindo com interesse cada capítulo ou fase da apresentação. Às vezes, pecamos pela deformação profissional e, o que a nós parece claro, não é para a maioria. Estudemos as possibilidades de confusão em cada frase, parágrafo e capítulo; repassemos quantas vezes forem necessárias para que tudo esteja claro como a luz do dia.

Dentro desse espírito de clareza na exposição e para rechear o discurso de elementos que aumentem o interesse e a amenidade, podemos e devemos fazer uso das comparações, das metáforas e dos exemplos.

3.7.1. As comparações

Esta ajuda deve ser empregada generosamente para explicar ou ilustrar tanto conceitos como dados numéricos. A frase ou o provérbio que diz que as comparações sempre são odiosas deve ser levada em conta e devemos empregá-la só quando o comparado e o comparável são indiscutivelmente similares no sentido que queremos dar, dentro do contexto de nossa palestra.

A comparação vem muito bem para definir conceitos e sobretudo para reforçar a memória do auditório. Lembramos mais daquilo que associamos com outras coisas já conhecidas. Por exemplo, para explicar que um produto antigo está esgotado tecnicamente e que já não se pode esperar muito dele, podemos dizer: "este produto é como a pasta de dente quase no final, que apertamos para obter algo, mas que já não sai mais nada". Essa comparação se fixará com maior eficácia na memória de nosso público ao ser um fato cotidiano e reconhecido.

A originalidade nas comparações é básica para conseguir o efeito desejado. Tentemos buscar coisas similares não muito óbvias e que não tenham sido muito repetidas. Se dissermos que um produto determinado está subutilizado e é algo quase supérfluo, é uma comparação com menos efetividade que se dissermos que esse produto trabalha da mesma forma que o pneu estepe. Sem mais explicações e deixando que a mente do público viaje, o normal é que todos associem a função de um pneu estepe – quer dizer, nunca faz nada e ainda o levam para passear – ao produto que estamos descrevendo.

Às vezes os números não representam dados claros. Acreditamos que todos entendem como nosso produto é bom se apresentamos o dado numérico absoluto. É muito melhor apresentar dados relativos, além do absoluto, tomando referências sólidas como base da comparação. Se nos vangloriamos de um grande valor de faturamento, não haverá admiração na sala até que o compararemos com as vendas de uma grande empresa conhecida. Se falamos que o processador realiza seis operações com a freqüência de três gigahertz, inclusive os entendidos verão esse dado de forma mais clara se o compararmos com algo mais compreensível como, por exemplo, dizer que durante o tempo em que a luz percorre dez centímetros, nosso processador fez seis operações.

As comparações que apresentarmos devem ser muito precisas do ponto de vista do entendimento humano, quer dizer, não aritmética; por exemplo, comparando com coisas de cuja magnitude todos tenhamos a idéia de forma intuitiva (o Grand Canyon do Colorado tem mais de 300 km, ou é melhor dizer que é tão grande quanto toda a Andaluzia), ou comparando com evoluções históricas (as empresas dedicadas a fabricar carros nos EUA no princípio do século XX eram mais de mil; quantas empresas de Internet permanecerão?).

3.7.2. Regras mnemotécnicas

Nosso público tem uma memória humana que só se lembra de uma porcentagem baixíssima da informação recebida. Para fixar um dado no cérebro, podemos empregar associações com palavras ou idéias já memorizadas de antemão, de forma a estabelecer uma cadeia de informação. Essa técnica é a empregada nos *slogans* publicitários.

As regras mnemotécnicas, que se empregam no colégio para recordar conceitos ou palavras difíceis, são uma grande arma nas mãos do apresentador.

Para que seja eficaz, uma regra mnemotécnica deve ser criativa, surpreendente, divertida ou grotesca. Podemos, por exemplo, fazer um poeminha de dois versos, enfim, tudo encaminhado para que seja engenhoso e fácil de recordar.

Devemos construir frases mnemotécnicas ou *slogans*, colocando-os nas transparências, escrevendo no quadro negro, lançando a regra através de vários sentidos, pela vista e pelo ouvido, e repetindo a frase engenhosa duas vezes seguidas em voz alta.

Para aumentar a memorização dessa importante mensagem, podemos desenhar esquemas e objetos que ajudem a mente de nosso público. O cérebro humano lembra-se melhor de imagens que de palavras ou números.

3.7.3. As metáforas

As metáforas, metonímias e sinédoques são figuras literárias que estão presentes na linguagem diária atuando como nossa forma de falar; são comparações implícitas nas quais, às vezes, só se menciona o comparável e não o comparado, como nas metonímias.

O uso amplo de metáforas ou afins sempre dá ao discurso um ar mais engenhoso, sobretudo se são originais. Por exemplo, para apresentar o produto mais importante e caro de nossa gama, podemos dizer: "... na sua frente temos o produto estrela", empregando uma metáfora muito ouvida; se dissermos "senhores, agora vou mostrar nosso principal transatlântico de luxo", possivelmente essa metáfora surpreenda um pouco mais que a batida "estrela".

A metáfora gráfica

Ao empregarmos transparências que amenizam a apresentação e permitem o uso de fotografias ou desenhos, podemos utilizar este recurso de forma mais original que a simples representação de frases ou ilustrações de nossos produtos.

Podemos enfatizar conceitos mostrando fotografias que a mente humana associa de forma intuitiva à mensagem. Por exemplo, um aperto de mãos significa acordo; um *iceberg* pode evocar que o mais importante não é visto e está submerso; uma lâmpada acesa representa uma idéia brilhante, ou uma nave espacial pode nos incitar a pensar na alta tecnologia ou na idéia do futuro. Mais uma vez, insisto em fugir das imagens muito óbvias e buscar associações originais mais intuitivas, que não precisam ser explicadas, já que se perderia a graça; o público deve trabalhar sua mente.

Para ilustrar a conveniência de consolidar muitos produtos em um que incluísse todas as características requeridas, em uma ocasião projetei a imagem de um jardim com centenas de vasos que, apesar de serem esteticamente muito bonitos, complica a vida do jardineiro na hora de regar. A associação de idéias foi imediata e ficou memorizada no público durante muito tempo.

3.7.4. Os exemplos

O exemplo é uma comparação mais extensa que uma frase. É como uma pequena história regida quase pelos mesmos parâmetros já descritos nas comparações. Talvez a diferença esteja no número que podemos citar. Enquanto as comparações e metáforas podem ser usadas amplamente, os exemplos devem ser mais dosados e não podem ser pródigos, já que uma quantidade excessiva acaba por confundir, como quando alguém ouve muitas piadas seguidas e termina por não se lembrar de nenhuma. Contemos dois ou três exemplos ou anedotas no máximo, em cada apresentação.

Nos exemplos ou casos práticos, não devemos esquecer de situá-los no espaço e no tempo, a quem aconteceu, por que e como ocorreram os fatos e, no final, como sempre, a moral do conto.

Inclusive os conceitos gerais podem ser melhor explicados com exemplos. Assim, se queremos demonstrar que muitas máquinas pequenas juntas apresentam menos rendimento que uma grande, nossa afirmação é sempre discutível, a não ser que apresentemos a frase do indiscutível Confúcio quando disse que um cavalo puxa mais que mil galinhas, e, além disso, explicando para trazer veracidade: as mil galinhas têm mais força que um cavalo, mas é impossível que todas vão na mesma direção, assim o cavalo sempre desenvolve mais rendimento motriz. Essa afirmação é entendida e compartilhada por todos e, a partir desse momento, assumindo também que uma máquina grande rende mais que uma pequena.

Outro recurso é a anedota à margem da palestra, sempre relacionada com o tema tratado, que relaxa um pouco o público e evita o tédio. Essas histórias curtas podem ser simpáticas e inclusive verdadeiramente engraçadas. Mas cuidado com tentar ser engraçado sem ter graça natural. Sejamos agradáveis e entusiastas com elegância, nunca palhaços que despertam o rechaço do público e acabam sendo chatos.

Há conceitos assumidos e indiscutíveis que não necessitam de explicação nem demonstração e que servem para solidificar idéias etéreas. O sol nasce todo dia, as coisas caem para baixo, a morte não anda para trás. Algumas marcas desenvolveram a idéia generalizada de que seu produto é o melhor do mercado e nunca ninguém, nem sequer seus fabricantes, se preocupou em demonstrar o porquê, mas todos assumimos a liderança indiscutível de certas empresas, produtos, pessoas e países. Se falamos que o motor do carro é de uma conhecida marca alemã, já está, não é preciso mais nada para mostrar a alta qualidade, a maior possível. O "marquismo" está presente em nossa sociedade sem discussão.

Como os exemplos e as comparações são muito mais lembrados pelo público que os conceitos e sentenças manifestados só em teoria, apliquemos essas ilustrações verbais às grandes mensagens, ao que realmente queremos que fique na mente do público, sobretudo se são idéias complexas de entender.

A busca do exemplo ilustrativo não é sempre fácil; não existe um dicionário de exemplos para recorrer. A maioria é obtida da vida diária, da leitura da imprensa ou das conversas com amigos. Levar um bloco de notas para escrever aquilo que ouvimos ou lemos e que possa servir para amenizar nosso público é um método aconselhável, embora um tanto lento.

Sejamos claros e sinceros, evitando os exemplos tontos; nosso público é maduro e inteligente. Sejamos criativos e não fiquemos soltando obviedades ou contos que todos já conhecem. Apresentemos valor agregado em nosso discurso: que nosso público sempre aprenda algo em nossas palestras; que estas sejam compreensíveis e claras.

As comparações e os exemplos devem estar intimamente ligados à mensagem que queremos transmitir.

Depois de muitas apresentações, comprovei que o público só se lembra das anedotas divertidas e das frases engenhosas, quer dizer, o que lhes pareceu engraçado, audaz ou simplesmente imprevisto.

AS REGRAS DE OURO

1. Associar com idéias já assumidas e bem estabelecidas.
2. Usar linguagem cotidiana com algumas metáforas.
3. Ilustrar com exemplos práticos inovadores.

3.8. Tópicos típicos

Há algum tempo um querido companheiro, com quem escrevo estas linhas, teve a idéia de distribuir entre os participantes de um seminário clássico do setor de informática, com vários palestrantes e jornadas de apresentações, uns cartões ao estilo bingo, mas com frases feitas (tópicos) em lugar

> *dos tradicionais números. O jogo consiste em que os alunos vão marcando cada frase feita segundo são pronunciadas pelos oradores e vão cantando linha e bingo ao completar a cartela. Divertido e ao mesmo tempo motivador, os presentes à apresentação a seguiriam com interesse, enchendo os cartões na esperança de conseguirem um suculento presente como prêmio desse bingo de tópicos.*

Em cada setor há um jargão e em todos os idiomas e em todos os países há uma longa série de frases vazias, cacoetes e obviedades que entram em moda a partir dos palcos das apresentações de empresas e outorgam um arsenal de idéias aos alpinistas sociais para irem subindo segundo soltam esses clichês nos fóruns de influência.

A proteção do investimento, o valor agregado, o paradigma do setor, o corte de custos, as empresas de serviços e soluções, a cadeia de valores, o compromisso com a base instalada, a vantagem competitiva, a atenção ao cliente e alguns vocábulos ingleses não traduzidos são exemplos de conceitos, teoricamente, de importante valor, mas que, ao estarem na moda, aparecem em todas as palestras medíocres como expressões usadas em excesso pelos oradores pouco engenhosos de nossos dias.

> *"A diferença entre dar suporte e estar comprometido pode ser explicado com uns ovos com lingüiça, em que a galinha dá suporte a este gostoso prato, mas quem está totalmente comprometido com ele é o porco."*

É bastante divertido, por exemplo, escrever várias colunas com tópicos e escolher ao acaso um de cada coluna para ligá-los em frases que tenham coerência gramatical. Assim, podemos construir parágrafos e discursos completos cheios de obviedades universais, mas sem nenhum aporte intelectual criativo e inovador. Algumas apresentações incluem discursos desse tipo e acabam por aborrecer.

As comparações também podem ser objeto de tópicos. Não usemos frases muito ouvidas e pouco originais, os já clássicos do tipo "como se costuma dizer..." ou aquelas muito utilizadas na televisão que já não têm graça. Em seu lugar sejamos criativos e fujamos dos tópicos de linguagem, empregando novas comparações, de preferência criadas por nós. Quando temos um público fiel que nos segue a várias apresentações, devemos aumentar essa originalidade e nunca repetir. Um grande elogio é que digam que nossas palestras sempre são diferentes, sempre surpreendentes, além de didáticas e amenas.

Também há tópicos no corpo do discurso, além da forma, como, por exemplo, os estereótipos sempre ofensivos sobre coletivos humanos. Cuidado com as piadas baseadas na ridicularização inoportuna. Todos conhecemos alguém que meteu os pés pelas mãos falando mal de alguém, porque ignorava sua presença na sala; ou no atrevimento crítico, simples e sem graça que às vezes se faz contra alguém que não pode se defender por estar ausente.

Se somos previsíveis e nos tornamos chatos, é melhor empregar elementos de choque no conteúdo e na forma, novas maneiras imaginativas e novas formas de nomear os conceitos e as idéias. Essa tarefa não é imediata e requer horas de reflexão mental. O esforço na busca de novos termos se recompensará com o reconhecimento de nosso público e nos trará uma grande satisfação pessoal e profissional.

Devemos ser sempre originais, inclusive atualizando o estilo de apresentar proposto neste livro, já que a sociedade de mudança constante em que vivemos obriga a uma contínua adaptação ao meio. Questionemos sempre se podemos melhorar, se podemos surpreender, se acompanhamos o presente, tenhamos algum atrevimento controlado, lideremos a arte da apresentação.

> **AS REGRAS DE OURO**
>
> 1. Empregar uma linguagem simples, compreensível para todos.
> 2. Evitar obviedades e tópicos muito usados.
> 3. Surpreender com engenho e bom gosto.

3.9. Citações e provérbios

Nossa cultura latina tem uma grande tradição de máximas, lemas, provérbios e frases lapidares que preenchem nossa comunicação e têm o reconhecimento popular como base do conhecimento e da sabedoria. Os provérbios são, talvez, mais aceitos pelas gerações maduras, mas as citações de personagens continuam gozando de grande acolhimento de todos.

As grandes frases pronunciadas por personagens famosos ou de prestígio costumam ter uma grande credibilidade que é capaz de ajudar nossa mensagem; podem ser um ingrediente de grande contribuição e veracidade, que além disso rompe a monotonia do discurso.

As citações devem ser criativas por seu conteúdo ou pelo jogo de palavras usado. Devem ser de fácil compreensão e não muito longas mas, sobretudo, devem ser novas. As sentenças e os provérbios muito escutados são obviedades que tiram o brilhantismo do discurso, embora continuem sendo válidos e engenhosos.

Não devemos abusar do número de citações a serem mencionadas em nossa apresentação, já que podemos cair no pedantismo, como se presumíssemos ser muito cultos conhecendo muitas frases famosas. E sobretudo devemos evitar que os autores de tais citações sejam desconhecidos para a maioria do público. Como só devemos incluir três ou quatro, não mais, precisamos usá-las bem, quer dizer, reforçando as mensagens mais importantes e aportando verossimilhança ao que queremos transmitir ou àquilo de que queremos convencer. Portanto, as citações devem ter uma clara relação com nossa exposição, mas de forma implícita, quer dizer, fazendo o público presente pensar; que não sejam muito explícitas.

Mencionar o autor da citação sempre é bom porque acrescenta solidez à mensagem. Os autores não precisam ser grandes acadêmicos, estadistas ou cientistas. Podemos conseguir uma grande atenção com frases de famosos populares como Groucho Marx, Woody Allen ou Mafalda, que além disso sempre acrescentarão um ar de filosofia irônica e sentido de humor.

As citações exigem uns segundos de reflexão, assim é bom fazer um breve silêncio ao terminar de pronunciá-las. Podemos fazer um certo teatro e escondermos o autor até o último momento ou empregarmos as projeções na tela para ir revelando pouco a pouco. Podemos ver o emprego de citações famosas nas duas partes mais importantes de qualquer palestra: ao princípio e ao final dela.

Algumas citações podem ser polêmicas e despertam aprovação ou rechaço em diferentes pessoas. Devemos usar essa característica a nosso critério, já que pode despertar um público entediado.

É bastante simples recopilar citações utilizando livros dedicados ao tema ou páginas da Internet como citasyrefranes.com. Neles é fácil selecionar por temas, autores ou outros critérios. Às vezes, podemos demorar para encontrar algo engenhoso e novo, mas vale a pena o esforço, porque será recompensado por um público que agradecerá esses detalhes de nossa apresentação.

Não posso evitar a tentação de acrescentar algumas citações que me parecem interessantes, baseando-me nos critérios antes expostos, quer dizer, principalmente engenho e coincidência de pareceres. É claro que estas citações são pensamentos que compartilho pessoalmente, demonstrando que uma lista de frases pode chegar a definir a personalidade do indivíduo que as subscreve. O mesmo ocorre em empresas ou associações que incorporam lemas em suas declarações de princípios:

- Uma citação é algo que alguém disse e que pode fazer sentido.
- Seu inimigo é o primeiro a ver seus defeitos.
- Feche os olhos e verá.
- Aquele que pede com timidez convida a não receber.
- Você vai se arrepender mais do que não fez do que das coisas que fez mal.
- Não convém levar a vida muito a sério, ninguém sai vivo dela.
- Passei minha vida me preocupando com coisas que nunca aconteceram.
- Quem teme a morte é porque não fez nada na vida.
- Melhor é um general mau do que dois bons.
- Não há maus soldados, só maus oficiais.
- Quando promovo um empregado consigo dez insatisfeitos e um ingrato.
- Não há mapas que levam a tesouros ocultos, nem um X que marque o lugar.
- Um cavalo é mais forte do que mil galinhas.
- Unifica e conseguirá dirigir.
- Vencer não é convencer.
- Se você não pode fazer o que quer, procure querer o que faz.
- Há coisas mais importantes que o dinheiro, mas são muito caras.
- Os que não têm nada que dizer falam aos gritos.
- Como você se vê, eu já me vi; como você me vê é como se verá.
- Falem mal, mas falem de mim.
- O que é pior, a ignorância ou a indiferença? Não sei, nem me importa.
- Se, depois dos 45, você se levanta e não dói nada, é porque já está morto.
- Não sei muito de quase nada.

> **AS REGRAS DE OURO**
>
> 1. As citações devem ser poucas, engenhosas e inovadoras.
> 2. Não cair no pedantismo, posando de culto.
> 3. Associar a citação a nossa mensagem.

3.10. A *motivação e o desejo*

As ações que realizamos sempre partem de uma motivação; é o que faz com que atuemos. As motivações são conscientes e racionais ou também podem ser emotivas e sentimentais. Muitas vezes nos surpreendemos com o que nos leva a atuar de determinada forma. A análise das motivações humanas é complexa. Saber por que fazemos o que fazemos nem sempre é imediato, mas existe uma explicação para cada comportamento.

3.10.1. As *necessidades humanas*

Cobrir uma série de necessidades é o eterno objetivo de nossas vidas. As necessidades humanas podem ser fisiológicas, afetivas ou sociais. A famosa pirâmide de Abraham Maslow, criada em 1954, estabelece sete degraus de necessidades: as primeiras ou físicas, como o alimento, a roupa, a saúde e a moradia; o segundo degrau é o da sobrevivência e segurança futuras; o terceiro é o da participação em algum grupo social; o quarto, da liderança sobre os demais; o quinto é o do conhecimento e o entendimento; o sexto, da beleza; e o último, e mais elevado, da realização do próprio potencial humano.

A teoria de Maslow estabelece que o ser humano busca cobrir suas necessidades segundo os degraus de sua pirâmide de baixo para cima, de maneira que, até não ter coberto um degrau determinado, não se coloca à busca dos degraus superiores.

Segundo avançamos na vida e em nossa profissão, vamos subindo pela pirâmide já que as necessidades dos degraus inferiores foram cobertas e já não nos motivam; os desafios estão mais acima. Se, estando no último degrau, o que está mais abaixo desmorona (por exemplo, a saúde), automaticamente se modifica nossa escala de valores e a vida muda radicalmente.

Entendendo bem quais são as causas dos desejos das pessoas, poderemos influenciá-las; poderemos movê-las (motivá-las) para realizar as ações que consigam beneficiá-las e, ao mesmo tempo, a nós. É o jogo de eu ganho, você ganha.

O que ocorre com as necessidades econômicas?

Parece que não são tanto um fim, a não ser em caso de uma avareza doentia, mas um meio para satisfazer verdadeiras necessidades humanas. O dinheiro, o poder e a glória são, portanto, elementos que permitem conseguir outros objetivos pessoais, tanto materiais como espirituais; quer dizer, poderíamos classificá-los talvez como meios para se conseguir um fim; embora Nietzsche tenha dito que o poder é um bem em si mesmo.

3.10.2. Os sentimentos

São respostas subjetivas do ser humano a fatos percebidos, que incluem pensamentos, estados de ânimo e inclusive alguma manifestação física como o riso, o choro, o arrepio ou o aumento da adrenalina.

O medo, a angústia, a tristeza, a compaixão, o amor, a surpresa, a alegria, etc. são parte de uma longa lista de sentimentos que motivam o ser humano à reflexão e à realização de determinados atos.

Em uma apresentação, podem ser produzidos sentimentos como a curiosidade, a preocupação, o respeito, o afeto, a sintonia com a pessoa que fala ou com as idéias expostas, de forma que o público possa experimentar emoções provocadas pelo orador segundo o contexto e a forma do discurso.

O uso das emoções é, portanto, uma arma poderosa se somos capazes de criá-las com sabedoria e controle da situação. Para isso, devemos pensar primeiro em quais são as emoções que queremos arrancar do público; depois, devemos aglutinar os dados e informações pertinentes e, por último, planificar muito bem a forma de contá-las.

O dramatismo que rodeia o fato em si é, muitas vezes, mais eficaz na produção de sentimentos. A forma de contá-lo, transmitindo ao público a mesma sensação que deve partir de nós, é chave para a criação das emoções.

Um auditório preocupado é receptivo a nossa mensagem e estará muito mais motivado à ação do que um auditório passivo e sem nenhuma emoção em seu espírito.

3.10.3. Os incentivos

Outra forma de motivar o público é com recompensas pelas ações a realizar, quer dizer, os incentivos, que podemos definir como estímulos ou atrativos que ajudam a nos mover para realizar os atos propostos.

Esses atrativos devem conseguir benefícios de forma a superar o custo humano derivado da realização da ação prévia, quer dizer, devem superar o esforço e apresentar um retorno do investimento realizado que compense suficientemente.

Os estímulos podem ser de tipo econômico, material ou social, podem ser benefícios financeiros, obtenção de produtos e serviços ou melhorias em segurança, poder ou prestígio.

Qualquer oferta comercial inclui incentivos, como descontos, presentes, financiamentos, mas também exclusividade, notoriedade, confiança e outros estímulos imateriais, mas que podem ter mais peso em nosso público. Portanto, tentemos acrescentar esses "presentes" a nosso público; devemos dar benefícios pessoais que o estimule.

Na preparação da apresentação, devemos refletir sobre as vantagens profissionais e pessoais que o público conseguirá com nosso discurso. Se conseguirmos ativar seus verdadeiros motivos, não os aparentes, nossas palavras e idéias os levarão a se convencerem de nossas propostas.

Façamos uma lista detalhada do que ganha uma pessoa que nos escutou, atendendo aos aspectos didáticos e culturais, diversão e amenidade, prestígio profissional, aspectos financeiros, além das vantagens sociais. A lista não precisa ser longa. Às vezes, se há um só benefício, mas claro e indiscutível e de grande valor percebido, é suficiente para termos êxito.

AS REGRAS DE OURO

1. Entender as necessidades e motivações do público.
2. Incentivar com estímulos materiais e imateriais.
3. Ativar emoções e sentimentos.

3.11. A *crítica*

Em muitas apresentações somos obrigados a criticar certas situações ou atuações, como as típicas análises sobre as empresas ou os produtos com os quais concorremos. Essa iniciativa do apresentador sempre supõe algo bastante delicado, porque, se não é feita corretamente, conseguimos o efeito contrário, quer dizer, o público critica o crítico, que o desacredita e o despreza.

A crítica nunca deve ser feita contra pessoas, mas contra fatos. Se devemos denunciar a atuação de uma pessoa, centremos o discurso sobre o que foi realizado e não sobre quem o fez. Sejamos o mais objetivo possível no relato dos fatos e não escondamos a parte que não nos interessa nem exageremos os tons com comentários que ficam à margem. Portanto, nunca devemos personalizar.

A melhor crítica é aquela feita pela mente do público de forma intuitiva depois de conhecer as atuações descritas.

Quando criticamos a concorrência, se no público há clientes que compram seus produtos, estamos atacando indiretamente esses usuários e podemos inclusive menosprezar sua decisão de compra. Elogiemos levemente a concorrência, entre outras coisas porque amanhã podemos prestar nossos serviços nessa outra empresa que atacamos publicamente. Depois acrescentemos que há algo melhor e podemos descrever nossa oferta. Se projetamos tabelas comparativas entre vários fabricantes, podemos escolher estudos realizados por analistas independentes de prestígio e evitamos apresentar dados errados. Sejamos elegantes com quem não pode se defender por não estar presente.

Falemos da chamada vantagem competitiva, conceito sempre relativo entre nós e nossa concorrência, que permite acentuar as virtudes de nossa oferta que aparece acima do resto do mercado, quer dizer, dos valores diferenciais que os clientes podem receber e aproveitar com nossos produtos ou serviços.

Este conceito pode ser ilustrado com a história de dois montanhistas bem equipados que são surpreendidos por um urso. Um deles abre sua mochila, tira uns tênis de corrida e os coloca no lugar das pesadas botas de escalada. Seu companheiro o repreende, dizendo: "Você acha que com isso vai correr mais que o urso?". Ao que o outro responde: "Não, mais que o urso, não, mais que você, sim".

Esta é a vantagem competitiva, aquilo que objetivamente pode não ter importância, mas que é suficiente para obter um enorme benefício.

É muito bom falar de alianças inclusive entre empresas concorrentes, com objetivos de investigação e desenvolvimento de novas tecnologias ou para criar normas *standard* que beneficiem o mercado. Os acordos entre empresas trazem fortaleza e iniciativa aos projetos. O trabalho em equipe sempre é recebido com complacência e algo de expectativa.

Se queremos criticar o comportamento de nossos clientes ou usuários e estes são parte do público, sejamos cautelosos e respeitosos. Podemos dar o exemplo de um amigo, cliente de nossos produtos, que não atua corretamente e acrescentamos como podemos ajudá-lo. O resto do público poderá se ver identificado sem perder seu orgulho profissional.

A crítica deve ser sempre construtiva, de modo a ocasionar soluções e não só a denúncia dos erros. Dediquemos muito mais tempo a dizer como resolver os problemas e pouco a sua descrição.

3.11.1. A *análise* SWOT

(Strength, weakness, opportunities, threat – forças, fraquezas, oportunidades, ameaças).

As forças e fraquezas serão fatores internos de nossa empresa ou produtos, enquanto as oportunidades e ameaças são aspectos externos que procedem do mercado, da concorrência e da sociedade em geral.

A forma de realizar esta análise é colocarmo-nos frente a uma situação determinada – um produto, um mercado etc. –, todas as circunstâncias possíveis que rodeiam o tema que estamos analisando, com a certeza de que são admitidas geralmente pela maioria das pessoas envolvidas. Quer dizer, descreveremos os pontos fortes que temos, também os fracos sem nenhuma vergonha e reconhecendo nossos defeitos, as oportunidades que nos oferece o mercado e as ameaças que vemos na concorrência ou nas mudanças de tendências e de comportamento de nossos clientes.

Às vezes, uma mesma coisa pode ser uma oportunidade e uma fraqueza ao mesmo tempo, fato que pode surpreender, mas que indica a criticidade deste aspecto; por exemplo, não ter um determinado produto em nosso

> *catálogo é uma carência em nossa oferta, mas uma boa oportunidade de negócio se introduzirmos esse produto.*
>
> *Sendo muito objetivos nesta análise e fazendo este exercício com rigor, conseguiremos colocar ações práticas de forma que as forças nos permitirão alcançar as oportunidades, e a atuação sobre as fraquezas permitirá minimizar as ameaças.*

Na hora de fazer a apresentação, devemos empregar sempre uma terminologia positiva, como áreas de melhora em lugar de falar de erros, debilidades em lugar de defeitos e eliminemos qualquer palavra com conotações negativas, como desastre, transferência, demissão, caro, ruína etc. Não é questão de usar eufemismos e não chamar as coisas pelo seu nome, mas de ser positivo, buscando as soluções e não os problemas.

Se devemos contar algo negativo, usemos a técnica do sanduíche, quer dizer, colocar antes e depois duas boas notícias ou características positivas. Por exemplo: "nosso novo produto apresenta o dobro do rendimento, custa só 10% a mais que o anterior, mas também inclui o dobro do prazo de garantia".

O sal e a pimenta do discurso são as críticas, que podem ser um pouco atrevidas, mas sempre devem ser poucas, honestas e bem documentadas.

Como a quantidade de sal nas saladas, as críticas devem ser justas. Se exagerarmos, será preciso jogar todo o prato no lixo.

AS REGRAS DE OURO

1. Elegância e sutileza com as críticas.
2. Fazer com que o público tire suas próprias conclusões.
3. Positivismo, colocar soluções e futuro.

3.12. Aviso de recebimento do público

É fundamental assegurar-se de que o público compreenda perfeitamente o discurso e se contagie com nosso entusiasmo. Se, além disso, aceita nossa proposta e fica convencido com nossas palavras, teremos conseguido o objetivo desejado com a palestra.

Verificar que nossos ouvintes tenham entendido perfeitamente a mensagem e não tenham ficado perdidos ou entediados é questão de observar seus rostos e a forma como estão sentados. Além de estar concentrados no que estamos dizendo, escutemos com a mente o que os rostos dos espectadores nos transmitem. É possível notar perfeitamente o tédio ou o entusiasmo.

Para isso, devemos olhar de forma individualizada ao mesmo tempo em que seguimos nossa palestra. Podemos empregar um esquema poligonal que nos assegure que estamos checando toda a sala, já que quando o apresentador percebe um rosto sorridente que assente quando ele fala, tem a tendência a olhar só para essa pessoa, esquecendo que há 300 outras escutando.

O esquema poligonal proposto pode começar olhando para o fundo da sala em sua parte esquerda; depois ir adiante para a direita, para continuar até o fundo à direita e acabar na frente à esquerda. Um segundo polígono de observação pode ser: ir ao centro da sala, para girar nossa vista ao centro do lado esquerdo, depois ao centro fundo, centro adiante e acabar olhando o centro da ala direita. Quer dizer, polígonos que nos dêem mostras de informação de cada parte do público.

Sintomas inequívocos de aceitação em nosso público são as cabeças que assentem, sorrisos de aprovação, posturas inclinadas para frente, anotações ou olhares de interesse.

Pelo contrário, se observamos braços cruzados, reclinações corporais para trás, cochichos, cabeças apoiadas nas mãos, rostos entediados e olhos a ponto de se fechar, estamos fazendo tudo errado. Esses sintomas não devem acontecer já que, frente à leve aparição de algum deles, devemos empregar algo que levante o ânimo e gere de novo expectativas e interesse.

Recursos para romper o tédio podem ser elevar a voz, descer do palco e caminhar pela sala, fazer uma pergunta a uma pessoa do público, mostrar um objeto que estava oculto, projetar uma imagem surpreendente ou contar uma anedota interessante.

Em grandes salas com boa iluminação sobre o apresentador, encontramo-nos, às vezes, com tal intensidade da luz sobre nosso rosto que nos permite ver apenas uma imensa nuvem branca e nenhum rosto de nosso público. A análise do público deve ser, nesse caso, por pura intuição ou telepatia e, portanto, propenso ao erro total. Tentemos olhar para as pessoas da primeira fila, já que a cegueira motivada pelos focos de luz costuma deixar uma faixa inferior que permite ver os que estão sentados no início; assim, evitemos que essa primeira fila fique vazia, costume muito forte em certas culturas, nas quais as pessoas começam sempre a sentar a partir da segunda, algo que ainda não consigo entender, a não ser pela busca da proteção que proporciona o respaldo dianteiro.

Outra alternativa de verificar o público é ter um companheiro treinado na linguagem dos sinais e que possa nos enviar mensagens manuais de como estão indo as coisas. Nunca será a opinião do público, mas de alguém que já conhece o discurso e, portanto, seu parecer é sempre enviesado.

Além da informação visual ou telepática em tempo real, quer dizer, durante a palestra, convém perguntar ao final para assegurar-se de que tudo foi bem. Pode acontecer o caso de apresentadores novatos ou muito egocêntricos que acabam a palestra muito felizes, mas o público não tem a mesma opinião, sendo o resultado objetivamente um fracasso.

AS REGRAS DE OURO

1. A apresentação é feita para o público, não para nós.
2. Olhar constantemente as reações e posturas do público.
3. Receber e encaixar os comentários. Melhorar incansavelmente.

3.13. *Perguntas e respostas*

Esta parte, muito comum em eventos públicos, permite que os participantes obtenham mais informação e que fiquem mais claras as dúvidas que possam ter. Também estimula a participação dos ouvintes e faz com que saiam da típica atitude passiva, ao permitir que façam consultas, mostrem inquietudes e comentários. Com esse incentivo, poderemos despertar o interesse deles, tanto pelas perguntas próprias de cada um, como pelas alheias realizadas por outros membros do público.

Essa sessão interativa traz, além disso, maior proximidade entre as pessoas do público entre si e com o orador, embora suponha por outro lado certo risco já que este precisaria improvisar, posto que quase nunca saberemos o que vai fazer nosso querido público. No entanto, esse desafio mostra a capacidade do apresentador se este demonstra conhecer a fundo o tema e sabe resolver situações embaraçosas que possam surgir.

Escutar e responder forma parte da comunicação humana e deve ser regida pelas normas elementares de que muitas vezes esquecemos, como:

- Atender ativamente a formulação da pergunta ou do comentário.
- Esperar a total finalização da pergunta.
- Compreender a mensagem direta e as intenções ocultas.
- Observar a postura e a atitude do interlocutor.
- Entendermos a situação do outro.
- Ajudar na compreensão da pergunta por parte de toda a sala.
- Evitar respostas evasivas, defensivas ou ofensivas.

De forma definitiva, não ter prejuízos perante qualquer pergunta e manter uma mente aberta e objetiva.

3.13.1. Quando e como

Esta sessão costuma acontecer ao final da palestra, para que todos, público e oradores, tenham mais dados e informações. Assim, podem concentrar-se nas perguntas relativas a todos os temas expostos em um diálogo que fica fora da exposição principal e também se produz um encerramento do ato com um maior nível de relaxamento no ambiente.

Devemos ter um microfone sem fio e uma pessoa (por exemplo, um ajudante de palco) para levá-lo ao indivíduo do público que realiza a pergunta. Apesar disso, é sempre bom que o apresentador a repita em voz alta para todo o auditório, assegurando a correta compreensão de todos.

Tenhamos à mão algumas possíveis perguntas para romper o gelo e podemos fazê-las contando que alguém as fez antes da palestra ou em outra cidade. Às vezes, podemos preparar um companheiro entre o público para começar o debate, coisa que não recomendo porque normalmente esse ardil é facilmente notado e tira a credibilidade do resto do evento.

Uma opção que evita a timidez do público é entregar folhas para preencher com perguntas de caráter anônimo, que são recolhidas ao final do evento para serem respondidas publicamente. Esse exercício permite selecioná-las um pouco e agrupá-las por áreas de interesse; além disso, podemos acrescentar algumas que nos interessem e assim expressarmos certas opiniões de forma diferente do discurso tradicional.

3.13.2. Como responder

As perguntas do auditório podem ser classificadas em duas modalidades:

A) As meramente informativas, quer dizer, saber um dado ou ampliar uma informação determinada.
B) As que incluem uma crítica, uma solicitação, um comentário ou pedido para solucionar um problema. Nessa parte incluiremos aquelas que possuem caráter insincero, insidioso e inclusive boicotador do evento.

Em ambos os casos devemos começar um processo mental muito parecido que implica pensar com rapidez ao mesmo tempo em que prestamos toda a atenção praticando a chamada escuta ativa.

3.13.3. Respostas a perguntas informativas

Para responder as perguntas do tipo A, é recomendável ser muito breve e responder estritamente ao perguntado, sem pretender ampliar muito o dado solicitado, já que podemos sair pela tangente ou informar sobre coisas pouco convenientes a nossos propósitos.

> *Contam que um rico xeque árabe visitou Paris para adquirir jóias e recebeu um conhecido joalheiro em sua suíte, de quem comprou imediatamente a coleção que lhe mostrou. Quando o xeque estava assinando o cheque, o joalheiro perdeu a grande oportunidade de ficar calado e comentou que essa coleção, além de ser muito linda, tinha valor histórico por ter pertencido à rainha Maria Antonieta, guilhotinada pela Revolução Francesa. O xeque rasgou o cheque e cancelou a compra porque sua superstição o impedia de ter objetos de pessoas mortas violentamente.*

Portanto, não devemos falar mais do que o necessário. Se já transmitimos a mensagem e compraram nossa idéia, deixemos assim e guardemos os dados adicionais para se precisarmos apresentar mais argumentos.

3.13.4. Respostas a perguntas críticas

Vejamos como lidar com aquelas questões que trazem uma certa dificuldade por serem a denúncia de uma frustração com conotações duras e que, ao enunciá-las, podem nos deixar em uma situação difícil.

O processo de como responder às perguntas de nosso auditório consta de quatro fases:

1. **Prestar a máxima atenção.**
2. **Entender a pergunta praticando a empatia.**
3. **Avaliar o fato, as opiniões e o sentimento.**
4. **Responder com eficácia.**

1. Às vezes, caímos no erro de pensar em nossa resposta e não prestamos a atenção total em nosso interlocutor. Devemos escutar ativamente até o final de sua pergunta e observar sua forma de falar, de se comportar e qualquer elemento adicional que nos permita extrair o máximo de informação.

2. Entender a pergunta significa colocar-se no lugar do outro, adotando e compreendendo seu ponto de vista, mostrando empatia por estarmos escutando e por nossa postura e inclusive comunicando verbalmente que sabemos o que quer dizer e como se sente.

Devemos respeitar as idéias e os comentários mesmo que sejam opostos aos nossos e repetir os pontos-chave da pergunta em voz alta para mostrar que entendemos bem. Em certos casos, podemos pedir algum dado adicional, sobretudo se a pergunta é ambígua, de forma que tenhamos compreendido o assunto. É bom acrescentar que outras pessoas já tiveram a mesma dúvida, para dar confiança ao comentário realizado.

Também podemos tomar notas das perguntas realizadas para assegurarmos de que temos todos os dados a nosso alcance na hora de avaliar a pergunta e preparar a resposta.

3. A avaliação da pergunta supõe exercitar nossos reflexos mentais para separar perfeitamente os fatos das opiniões.

Fato é aquele demonstrável ou verificável objetivamente e opiniões são deduções pessoais ou aquilo que se infere segundo a lógica pessoal de cada um. Nas opiniões sempre entram em jogo os preconceitos, a emotividade, a cultura e um monte de elementos humanos que podem tergiversar o juízo emitido.

Nessa fase de avaliação é, às vezes, necessário conseguir mais informações e levar o assunto ao fato concreto. Por exemplo, frente à pergunta "Estou bastante decepcionado, comprei seu produto e gostaria de saber quando funcionará em minha aplicação", podemos ver bastante ambigüidade além de uma ironia fruto da frustração. Conseguir mais informações seria perguntar, a essa pessoa, qual é a aplicação dela, que produto comprou e quando o adquiriu; no entanto, podemos atacar seu problema diretamente, perguntando que significado tem para ela a palavra decepcionado e entrar em uma área diferente da esperada.

Também é conveniente colocar em voz alta as emoções percebidas e expor em palavras a motivação real da pessoa que pergunta. Dessa forma, asseguramos publicamente a correta compreensão do comentário e damos já um primeiro passo na solução ao confirmar, com o clássico assentimento do interrogante, que recebemos a mensagem com a exatidão correta.

Às vezes, o ser humano necessita desabafar manifestando publicamente um mal-estar que o está agoniando. Se simplesmente mostramos que recebemos a mensagem e respondemos com uma verdadeira aceitação de seu caso, já ganhamos bastante terreno.

4. Responder eficazmente significa ter uma atitude sincera de solucionar o pedido. Para isso, devemos atuar sempre com elegância, educação e cordialidade, inclusive quando a pergunta foi formulada de forma tensa. Evitemos sempre nos contagiar de qualquer violência e tenhamos claro que no palco somos muito vulneráveis a qualquer erro motivado pela ira e pelo descontrole de nossas emoções.

A resposta deve mostrar alternativas ao problema que sejam verdadeiramente viáveis e criativas, sem usar demagogia barata, para isso podemos trazer informações adicionais, pontos de vista diferentes e comentários que reduzam a tensão. É muito útil dizer que outra pessoa conseguiu solucionar o problema com uma dessas alternativas, mas desde que isso seja realmente verdadeiro.

É preciso tentar sempre responder às perguntas diretamente ou através de companheiros presentes no ato que conheçam bem o tema, mas evitemos um "não sei, tomarei notas e responderei depois" que às vezes é inevitável, mas que deixa uma péssima imagem. Levando em conta que sempre devemos responder com honestidade e veracidade, é melhor não responder do que dizer algo falso, já que, se outras pessoas presentes detectarem, nesse momento, se perde absolutamente a credibilidade de todo o evento.

Devemos responder em tom positivo, e se a resposta for "não", acrescentemos um "mas" que suavize e que proponha uma alternativa factível a nossa negativa. Muito menos devemos alongar muito as respostas, costume habitual na maioria dos apresentadores; devemos ser práticos e não voltemos atrás; as respostas devem ser cordiais e eficazes.

As perguntas devem ser objeto do interesse geral e devemos responder rapidamente àquelas de índole particular. Vigiemos que a totalidade do público esteja interessada na resposta. Façamos nós perguntas a alguma pessoa do público ou de forma geral e animemos o debate, mas que seja construtivo, que não seja conflituoso ou chato. Devemos ser o condutor da sessão.

As soluções devem incluir propostas de ações com o compromisso de realizá-las, mencionando pessoas, lugares e datas de realização e fixando pontos de monitoração e controle para verificar o êxito. Por exemplo: "Enviaremos um técnico na próxima terça pela manhã a seu escritório para revisar a instalação e eu pessoalmente o chamarei essa mesma tarde para assegurar que tudo esteja funcionando".

3.13.5. As perguntas insidiosas

Às vezes, as perguntas são críticas ou objeções que podem questionar nossa autoridade na matéria ou danificar a imagem de nossa empresa. Há várias formas de tratá-las segundo sejam sinceras ou não. Se estamos enfrentando a típica queixa geral grosseira, nunca devemos perder a compostura; é importante mostrar serenidade e elegância, lamentando profundamente que essa pessoa se sinta dessa maneira, assegurando que tentamos compreender sua opinião e respondendo com argumentos sérios e contundentes.

Nunca devemos devolver a grosseria, nem personalizá-la, julguemos o fato colocado e inclusive façamos uma pergunta para detalhar a questão da pessoa, tentando reduzir a tensão e centrando seu problema nas verdadeiras causas.

Se a objeção persiste por parte da mesma pessoa, isolemos o fato para evitar o contágio, a não ser que efetivamente a denúncia afete mais pessoas. Não abandonemos nunca o tratamento da objeção, enfrentemo-la com seriedade, buscando pontos de encontro e colocando muita firmeza se se insiste na grosseria e no insulto, sobretudo quando alguém ataca nossa honra.

Algumas respostas em casos extremos de ataques a nossa honestidade:

– Todos conhecemos o Sr. X como um bom profissional comprometido com os objetivos aqui colocados. Estou seguro de que todos os presentes

não vão guardar nenhum rancor por suas palavras inoportunas e desrespeitosas, e aceitaremos suas desculpas, já que as expressões ásperas que acabamos de ouvir são mais fruto de impulsos incontrolados do que de seu caráter verdadeiro.
– Se o senhor continuar a atacar a honestidade da empresa que represento, asseguro que os nossos advogados tomarão as medidas legais necessárias para esclarecer essas difamações.

Sem chegar a esses extremos, sejamos elegantes empregando mais a ironia sutil e não baixemos o nível para a grosseria. É bom que as respostas tenham certo tom afável, sem drama e transmitindo otimismo e segurança. Também é fundamental recolher as opiniões e críticas como elementos construtivos, comunicar a compreensão e nos comprometer a colocar em andamento as ações correspondentes. Detalhando inclusive lugares, pessoas e, sobretudo, tempo para corrigir a deficiência apresentada.

Não sejamos soberbos frente às perguntas; poderemos aprender muito com elas, inclusive com as que não são sinceras. Por estar no palco usando o microfone, não somos nem mais inteligentes nem mais sábios que as pessoas sentadas na nossa frente.

São nesses detalhes que demonstramos ter desenvoltura. Se não queremos surpresas, devemos pensar em diferentes respostas a possíveis objeções duras; portanto, insistamos em empregar horas de preparação que incluam o tratamento de situações imprevistas.

> **AS REGRAS DE OURO**
>
> 1. Escutar atentamente e entender bem a pergunta.
> 2. Avaliar o fato e as opiniões.
> 3. Responder com honestidade, precisão e brevidade.

EXERCÍCIO PRÁTICO 3.1

Devemos participar de apresentações como parte do público, mas analisando as habilidades do apresentador assim como os pontos positivos da palestra em si e as condições do ambiente.

EXERCÍCIO

Escute atentamente o orador e, no final, avalie e escreva em um bloco de notas as diversas facetas da arte da oratória, com o máximo de detalhe. Faça este exercício durante os próximos meses, de forma a se habituar a comparar o aprendido com o observado em outras pessoas que sobem a um palco. Veja a reação do público e contemple o que lhes faz se mover em suas cadeiras. Definitivamente, devemos aprender com a prática dos outros.

Valores a analisar em uma apresentação

Ao participar de uma apresentação com o objetivo de analisar suas qualidades, separemos os três aspectos que concorrem na comunicação (apresentação, apresentador e ambiente) de forma que não influam uns nos outros; quer dizer, sejamos objetivos pensando somente em cada característica sozinha e sem deixar que o resto dos aspectos influencie nossa valorização.

Sobre a apresentação em si:

- Bem colocada segundo os objetivos perseguidos.
- Adequada ao público presente.
- Bem estruturada.
- Veraz na informação apresentada.
- Mensagens claras e precisas.
- Duração adequada.
- Abertura estimulante.
- Encerramento e conclusões atraentes.
- Útil e benéfica para o público.

Sobre o ambiente:

- A convocatória foi correta e bem comunicada.
- A sala reúne condições de ambientes.
- Os audiovisuais estão bem escolhidos.
- A pauta do evento é atrativa.
- A documentação de apoio é adequada.

Sobre o apresentador:

- Ameno.
- Entusiasta.
- Espontâneo.
- Didático.
- Especialista.
- Eloqüente.
- Engenhoso.
- Expressivo.
- Convincente.
- Culto.

- Elegante.
- Empático.
- Tenaz.
- Humilde.
- Preciso.
- Carismático.
- Organiza bem os audiovisuais.
- Confirma a atenção da platéia.
- Domina o palco e move-se com naturalidade.
- Tem atrativos pessoais.
- Transmite segurança e confiança.
- Sua voz é agradável e firme.
- Tem desenvoltura no geral.

Pontuemos de um a cinco todos os critérios anteriores e acrescentemos alguns comentários que sejam interessantes.

Respondamos com nossa opinião às seguintes perguntas, ao acabar de fazer esta análise da apresentação que ouvimos:

- O que foi que mais gostei?
- E o que menos?
- O que aprendi?
- Em geral, esta apresentação é das que serão recordadas positivamente?

Com este exercício vemos que tudo influi, em maior ou menor medida, no êxito de uma palestra. Às vezes, uma característica fica tão marcada que sozinha faz com que tenha valido a pena.

Observando todas as facetas ou habilidades do orador, podemos pensar que é preciso ser um super-homem para ser bem visto pelo público. Não é assim; todos temos muitos defeitos, mas o importante é aprender, melhorar e desenvolver as habilidades mais propícias a nosso caráter.

EXERCÍCIO PRÁTICO 3.2

Há um tempo me pediram para realizar uma apresentação de encerramento de um evento interno em que se apresentavam os bons resultados do ano. A palestra seria a última depois da exposição do diretor-geral, deveria ter só 15 minutos de duração e ocorreria em uma sexta-feira no final do expediente.

Dado o caráter do ambiente, quer dizer, lugar, hora e público (sempre os clientes internos – companheiros de trabalho – são o público mais difícil), pensei em apresentar como se deve fazer uma apresentação, mas empregando o recurso, sempre sarcástico, de contar ao revés, quer dizer, recomendando exatamente tudo ao contrário do que se deve fazer.

A palestra desenvolveu-se entre as agradecidas risadas do público, gesto que sempre serei grato a meus companheiros, e dela extraí o artigo que foi publicado posteriormente.

EXERCÍCIO

Faça transparências a partir do seguinte artigo, unicamente com as frases que resumam cada um dos dez mandamentos sobre "o que não se deve fazer", tentando ser original na criação das frases. Além disso, é preciso preparar uma abertura e um encerramento com conclusões que sejam engenhosas e gerem interesse e benefícios para o público.

Animo o leitor a realizar este exercício e tomara que se divirta tanto quanto eu quando o preparei naquele dia.

Decálogo do bom apresentador informático.
<O que NÃO se deve Fazer>

Em nossa atividade diária, encontramo-nos com a necessidade de nos comunicar com outras pessoas que, reunidas em uma sala, ouvem as explicações sobre nossa empresa, nossos produtos e a maneira na qual podemos ajudá-las a resolver seus problemas com a informática.

Existe uma série de regras básicas da oratória que, unidas ao fato de nos encontrarmos em situações como as descritas na continuação, permite a realização deste **decálogo do bom apresentador informático:**

1. Você chega tarde: não é necessário estar antes do tempo para verificar que tudo funciona, que não falta a documentação ou que o projetor é incompatível com nosso computador. Além disso, se chegamos tarde, criamos mais expectativas e podemos empregar o tempo em outra atividade mais interessante do que estar com os clientes.

2. Você se desculpa por seus erros: embaralha seus papéis ou se desculpa porque o computador não liga. Também é bom dizer que não sabe como apagar as luzes ou conectar o microfone. Pode começar dizendo que não teve tempo de preparar bem a palestra, que não sabe quanto vai demorar, mas que será breve. Nesse momento, o público começa a pensar verdadeiramente que você está certo em não perder seu valioso tempo para preparar uma apresentação para eles, pobres ignorantes!

3. Leia a apresentação: mesmo que você perca credibilidade ao ler em vez de falar olhando nos olhos da plateia, é melhor já que você se assegura de não se esquecer de nada. Além disso, é assim que fazem os políticos famosos. Adote um tom monocórdio, mas termine sempre baixando a voz ao final de cada frase para provocar sonolência e evitar perguntas. Deixe o rosto franzido, baixe a cabeça e cruze os braços; no geral, mantenha-se inexpressivo para que não saibam o que está pensando.

Coloque as mãos no bolso, é mais cômodo. Gire para ver bem as transparências na tela mesmo ficando de costas para o público. As expressões facial e corporal não importam, se a mensagem é contundente.

Lembre-se de que a forma de demonstrar que você domina o tema de sua palestra é conseguir que ninguém entenda nada.

4. Não se comprometa nunca: frases como "Não sei, é outro companheiro que se ocupa disso" ou melhor "Anoto e depois ligamos para você com a resposta" são desculpas que sempre é bom ter à mão em lugar de dar respostas concretas.

5. Exemplos NÃO!: perde-se muito tempo com anedotas, referências e exemplos. Evite o máximo possível dar opiniões pessoais ou sugestões, já que distraem do conteúdo da apresentação.

6. Empregue indiscriminadamente meios visuais, mas sempre convém desprezá-los e dizer que ninguém entende nada disso, embora seja precisamente a tecnologia informática o que estamos vendo. É um orgulho para muitos diretores da área de informática não possuir um computador.

Nessa seção é aconselhável...

- Empregar transparências com muito texto para explicar tudo.
- Colocar ao acaso para surpreender até você mesmo.
- Passar rapidamente para evitar que possam ler o conteúdo.
- Ler cada frase palavra por palavra; pode ser que haja ceguetas e analfabetos.
- Acrescentar muitos desenhos e cores para animar a palestra.

7. Não entregue documentação: nem sequer cópia da apresentação, já que pode cair nas mãos da concorrência. É melhor que tomem nota de seu ditado.

8. Generalize sempre: de vez em quando mostre que não tem tempo para aprofundar. Isso impressiona o público sobre seus amplos conhecimentos, que por outra parte, se os explicasse, eles não seriam capazes de entendê-lo.

9. Fale como se estivesse entre entendidos: cite pessoas ou instituições que ninguém conhece, fale usando siglas e acrônimos, empregue palavras em inglês; tudo isso fica muito fino e demonstra sua cultura. Se não entenderem, há universidades nas quais eles podem se matricular.

10. Evite as conclusões e os diálogos: é inútil repetir o que já foi explicado e perde-se muito tempo. Os momentos de perguntas sempre são chatos e podem levar a polêmicas difíceis de lidar. Se alguém ficar com dúvidas, se interessará mais por esclarecer suas mensagens e pensará mais tempo em sua apresentação.

No geral, o importante é ser um mestre das apresentações embora seu conteúdo seja vazio e não responda às expectativas.

Colocando este decálogo em prática, podemos estar seguros de que ninguém nos atrapalhará solicitando nossa presença em atos de comunicação, e lembre-se de que o fato de não receber críticas não garante que fizemos tudo bem, mas que chega um momento em que desistem de você.

RESUMO

A execução da apresentação requer que coloquemos em prática nossas habilidades seguindo o ditado da planificação e preparação consciente que levamos a cabo anteriormente. Devemos evitar ao máximo a improvisação de última hora.

A entrada no palco deve ser antecedida de exercícios de relaxamento e concentração no que devemos fazer e dizer.

Nosso objetivo é convencer de uma proposta e para isso devemos despertar interesse com engenho e contar coisas que não sejam conhecidas, sendo instrutivos e amenos.

Devemos nos utilizar da empatia, identificando-nos com os problemas e inquietudes do público e criando um clima de cordialidade baseado em pontos em comum.

Devemos incitar o público a realizar ações, motivar com nosso entusiasmo, lograr o desejo de fazer coisas; enfim, fazer com que nosso público se mova.

Precisamos ganhar a credibilidade com uma atitude de franca honradez e ser autênticos gurus em nossa profissão. Devemos manter um estilo definido que preencha as expectativas que as pessoas têm sobre nós.

Também é necessário controlar muito bem o tempo para não sermos chatos e outorgar o necessário às mensagens importantes. Não devemos falar rapidamente e precisamos mostrar integridade e controle da situação.

Podemos ilustrar nosso discurso com citações engenhosas, exemplos práticos, experiências pessoais, dados relevantes de forma ilustrativa desde que sejam muito medidos e aplicados perfeitamente ao tema em questão.

Precisamos tomar cuidado com os tópicos, os estereótipos, as obviedades e, no geral, com tudo que possa danificar a credibilidade e a atenção a nossas palavras.

Devemos evitar a crítica e as mensagens negativas. Façamos com que o público tire suas próprias conclusões a partir da informação que apresentarmos.

Trabalhemos com muita delicadeza nas perguntas, escutando ativamente e sendo honestos e precisos nas respostas. Pratiquemos a interatividade e o colóquio da melhor maneira possível.

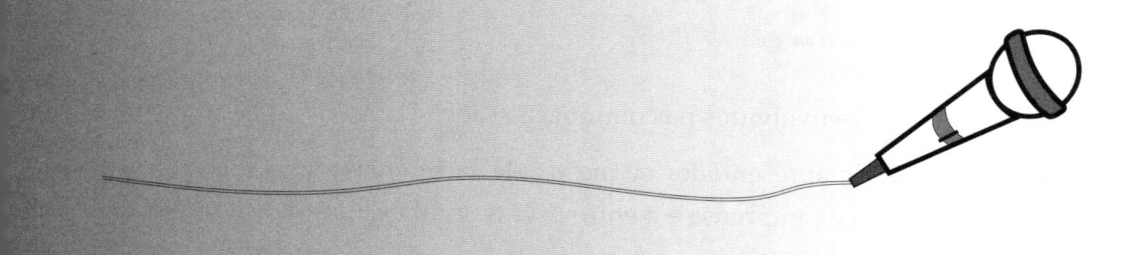

Casos particulares

Nesta seção analisaremos alguns casos particulares na comunicação com grupos humanos, que requerem certos detalhes a considerar e planificar corretamente para assegurarmos o êxito.

Os temas desenvolvidos na continuação são:

- O papel do apresentador ou mestre-de-cerimônias.
- A coletiva de imprensa e a entrevista pessoal exclusiva com um jornalista.
- As demonstrações práticas e suas exceções.
- As reuniões de trabalho em suas distintas modalidades.
- Os eventos e apresentações com partes lúdicas.
- A conferência clássica ou exposição magistral.

1. O *mestre-de-cerimônias*

Em muitos eventos, sobretudo naqueles com muito público e vários oradores, é necessário que exista um condutor de todo o ato, que vá colocando ordem nas apresentações, que abra e feche a sessão e que esteja presente a todo momento para resolver qualquer incidência, dirigindo a situação profissionalmente, de cara para o público.

Às vezes, esse condutor deverá atuar como moderador em sessões de pedidos e perguntas ou em possíveis disputas em um debate entre vários oradores.

O moderador atuará como defensor do público, informando-o de todos os detalhes do evento, controlando os tempos de uso da palavra e rompendo a monotonia do rosário de apresentadores.

A abertura do mestre-de-cerimônias começará com sua auto-apresentação, agradecendo a presença do público e apresentando o ato e sua agenda, mencionando os objetivos do evento, fazendo referência ao lugar e ao tempo escolhidos ou relatando uma breve anedota relativa ao ato, passando a apresentar o primeiro orador. Tudo em uns cinco minutos como máximo e no tom mais afável e cordial possível.

De cada orador convém dizer seu nome, cargo, referência como autoridade na matéria e algumas frases curtas sobre sua palestra que dêem espaço para apresentar o título do discurso e colocar as bases do tema a tratar, mas sem revelar o argumento principal. Ao acabar cada palestra, é bom agradecer e felicitar o orador que se despede, e dizer uma frase sobre a conclusão final de sua palestra, antes de apresentar o seguinte orador.

Durante o evento, o moderador deverá intervir muito pouco evitando aparecer demais e falar o necessário para não tirar o protagonismo dos verdadeiros oradores. Nos momentos adequados, deverá mencionar a documentação que está sendo entregue e as folhas de avaliação, os detalhes da comida, pedir que os celulares sejam desligados, informar como se ativa a tradução simultânea e qualquer outro detalhe sobre a sala e a logística do evento.

Frente a um debate, deve-se ter previsto quem fala primeiro e algumas perguntas para cada membro da mesa, de forma que haja igualdade no uso da palavra. Deve-se atuar com justiça salomônica sem tomar partido nem opinião, só exercendo a moderação como juízes do diálogo.

Deve-se ter cuidado com o orador que demora muito em suas exposições ou com qualquer crítico depreciativo e boicotador da discussão e deve-se exercer a autoridade com rigor para evitar que o ato escape de nossas mãos. Não podemos permitir as acusações pessoais desrespeitosas ou a linguagem ofensiva; as críticas devem ser feitas com correção e fundamento, apresentando alternativas construtivas.

A saída do moderador incluirá um resumo das conclusões globais do evento, o que se tentou transmitir, as possíveis ofertas ou promoções, outros atos próximos ao possível interesse do público e o agradecimento pela atenção prestada, despedindo-se ao final.

Se pedem para atuarmos como mestres-de-cerimônias ou temos de contratar um apresentador externo, devemos assegurar-nos de que estudamos com detalhe a agenda do evento, seus objetivos, o público, os oradores e conhecer os detalhes logísticos e da sala, ensaiando com antecedência nossas intervenções na própria sala do evento como se fôssemos o orador mais importante.

Um bom mestre-de-cerimônias pode e deve solucionar diretamente qualquer anomalia que surja, assim como destacar e resumir o mais importante do discurso.

2. A *coletiva de imprensa*

Este tipo de ato público, tão popular hoje em dia, tem algumas particularidades muito definidas que todo apresentador que tenha de participar de uma deve conhecer. As conferências de imprensa caracterizam-se principalmente pela grande difusão e transcendência que podem chegar a ter nossas mensagens e nossas palavras; portanto, devemos ter muito mais cuidado em nossa comunicação com os repórteres e jornalistas em geral.

Os jornalistas são profissionais da comunicação com objetivos e modos de trabalhar muito claros e definidos. Facilitar-lhes a tarefa de informar e manter com eles uma boa sintonia profissional é sempre positivo e recomendável;

quer dizer, são bons aliados em nossa missão de difundir nosso discurso e, portanto, devemos fomentar nossas relações com eles e fazer amplo uso dos meios de comunicação.

A Conferência de Imprensa costuma apresentar três partes enlaçadas entre si:

1. A redação e entrega das chamadas notas de imprensa ou *press releases*. São documentos breves que resumem nossa mensagem e permitem a fácil inserção nos meios escritos como jornais, revistas e páginas *web*. A nota deve começar com um bom título que impacte e um primeiro parágrafo que atraia o interesse e anime a leitura do resto da notícia. Ao final, deve incluir conclusões e avisos de marcas registradas. É bom que a nota possa abranger comentários de pessoas autorizadas entre aspas e que facilitem ao profissional a personalização de opiniões. Em geral, deve ter um estilo jornalístico, em vez de técnico ou literário.

2. A exposição da notícia que queremos difundir deve seguir os padrões de qualquer apresentação. Como particularidade, devemos observar muito sua duração, que deve ser curta; e deve ter um conteúdo muito resumido e dirigido à mensagem noticiada, quer dizer, sem excessivas profundidades nem retóricas, centrando-nos no que for realmente novo e interessante, explicando para os não entendidos. É bom incluir dados numéricos como estatísticas, relações econômicas, tendências e valores percentuais que permitam avaliar a transcendência social da notícia e localizá-la corretamente ao âmbito que corresponde.

3. A sessão de perguntas sempre é bastante ativa e é a parte mais delicada do evento. Devemos prever as possíveis questões e evitar improvisos, sobretudo em temas conflitivos, assim nossa preparação deve ser minuciosa. Nossas respostas podem ser pessoais ou não, mas costumam ser interpretadas como palavras oficiais de nossa empresa e, portanto, devem responder à estratégia global de nossa companhia. Poderemos esquivar a resposta frente a perguntas insidiosas ou que não se ajustem ao tema do evento, evitando que sejam publicados comentários que possam nos incomodar; quer dizer, devemos medir muito bem as palavras e o sentido figurado que possam ter. Às vezes, uma má interpretação pode ser terrível.

Se a coletiva de imprensa tiver êxito, será maior a difusão de nossa mensagem através dos meios de comunicação. Uma notícia ou um artigo são sempre superiores a melhor publicidade e, além disso, são muito mais baratos.

Se damos aos jornalistas elementos publicáveis, teremos maior poder de convocatória em sucessivas coletivas de imprensa, que devem ser distribuídas para não cansar os leitores. Devemos convocar coletivas de imprensa somente quando tivermos algo verdadeiramente relevante para dizer.

2.1. A *entrevista pessoal*

Dentro das atividades com a imprensa que costumam acompanhar muitas apresentações, às vezes acontecem exclusivas com algum meio de comunicação em forma de entrevista individual.

A entrevista é uma conversa estruturada orientada a conseguir mais informações sobre os *press releases* escritos e sobre a palestra em si. Para que seja exitosa, deve seguir uma planificação profissional e manter um comportamento cordial de ambas as partes.

Em algumas ocasiões, pode-se solicitar previamente a lista de perguntas ao jornalista, coisa que eles não gostam muito, mas que devemos tentar conseguir. Caso contrário, ao menos devemos centrar a entrevista no tema da palestra evitando que alguma pergunta toque temas fora de contexto.

A planificação da entrevista parte da fixação exata de seu objetivo. Além disso, as duas partes devem conhecer as características da outra pessoa, de forma a saber com certeza sua idoneidade para manter o diálogo a partir das perspectivas contempladas e do objetivo colocado.

As perguntas a realizar abarcam fatos, opiniões, dados, experiências, sentimentos e comportamentos, além de podermos classificá-las em:

- Abertas ou fechadas, se permitem respostas amplas ou só monossílabos.
- Primárias ou secundárias, se fazem uma pergunta ou pretendem maior profundidade em uma resposta anterior.
- Diretas ou indiretas, quer dizer, se atacam o tema frontalmente ou permitem levar o diálogo a uma zona em que se possa obter um ponto de vista diferente.

A seqüência de perguntas costuma começar com um tom relaxado e questões curtas e simples para criar um ambiente mais cordial. As perguntas mais complexas e de maior importância devem ser colocadas a princípio, uma vez passada a fase prévia, e assim dispor de tempo para poder esclarecer amplamente os conceitos.

Da perspectiva do orador ou da pessoa entrevistada, é muito importante assegurar o correto entendimento de nossas palavras para que sejam publicadas de forma fiel. Normalmente, os jornalistas costumam levar um gravador para registrar as respostas frente a posteriores possíveis reclamações na transcrição das respostas. Apesar disso, às vezes um comentário colateral pode aparecer nas manchetes com um sentido distinto daquele pretendido pelo entrevistado. Portanto, devemos dirigir com grande delicadeza cada uma de nossas palavras.

Na entrevista jornalística devemos liderar o diálogo e dirigi-lo com absoluta assertividade, sermos os donos de nossas respostas em todos os momentos, negando-nos cordialmente a responder algo que consideremos inapropriado se for o caso. É sempre conveniente fazer um exercício prévio sobre as possíveis perguntas difíceis que podem surgir e ter, de antemão, preparadas as respostas que mais se aproximam de nossos interesses.

3. A *demonstração prática*

Quando temos o objetivo de apresentar um produto suscetível de poder ao público, e sobretudo se este incorpora capacidades e funcionalidades novas que podem ser comprovadas, é habitual e aconselhável realizar a denominada demonstração, que sempre trará uma grande credibilidade por ser algo real que o público viu com seus próprios olhos.

As demonstrações podem acontecer dentro do marco de uma apresentação e costumam realizar-se pelo pessoal técnico conhecedor do uso do produto.

Há várias modalidades de demonstrações:

- Demonstração completa de todas as funcionalidades do produto.
- Demonstração parcial ou resumida só das características mais relevantes.
- Demonstração remota, estando o produto em outro lugar, sendo acessado por videoconferência ou Internet.
- Demonstração "enlatada" ou vídeo interativo apresentado como se fosse uma demonstração ao vivo, mas que está antecipadamente gravada.

A escolha de uma ou outra modalidade irá se realizar em função do tempo a empregar, do custo e do risco de possíveis falhas.

As recomendações sobre as "demos" estão baseadas em sua eficácia para lograr os objetivos comerciais colocados, como nas apresentações e em qualquer evento da empresa para os clientes. Embora do ponto de vista técnico possa haver disparidades a respeito de alguns dos seguintes conselhos, acho que, se falarmos das demonstrações em eventos públicos, devemos localizá-las como elementos de comunicação encaminhados a conseguir um negócio, quer dizer, serão demonstrações comerciais. Diferentes características concorrem nas demonstrações enquadradas em cursos de formação, em que a profundidade no conhecimento do produto é maior e não há riscos comerciais elevados.

As demonstrações comerciais devem ser realizadas levando sempre em conta as seguintes exceções:

1. Implicam riscos pelo possível mau funcionamento do produto, o denominado efeito cliente ou efeito demo; quer dizer, *"o número de falhas que ocorrem em um produto é diretamente proporcional ao número de olhos que o contemplam"*. Portanto, a demonstração deve ser feita só se for imprescindível para realizar nossos objetivos. Se o risco de falha é alto, é recomendável a demo enlatada. A má imagem que produzem as avarias e os erros do produto é muito difícil de contra-arrestar; além do mais, nem sempre há uma segunda oportunidade de convocar nosso público em data posterior.

2. Deverão mostrar o que o público quer e espera do produto. Levemos em conta que as expectativas são distintas em cada pessoa e não coincidem às vezes com o mais novo ou o mais espetacular.

> *Depois de uma demonstração a um cliente de um software altamente sofisticado, eu o acompanhei até a saída do escritório e, com um pé já dentro do elevador, ele se despediu de mim dizendo que era uma lástima que nosso produto não incluísse um arquivo histórico. Fiquei perplexo, porque ele tinha isso, mas não havíamos mostrado por ser algo muito visto e habitual. Imediatamente tirei o cliente do elevador e trouxe-o de volta para a sala para mostrar-lhe o que ele queria ver.*

3. Tentemos que a demonstração seja fácil de entender pelo público. Nesse contexto, sabemos que a linguagem técnica pode provocar a evasiva cerebral das pessoas não iniciadas, mas que são fundamentais na tomada de decisões sobre o produto. Portanto, verifiquemos o

emprego de uma linguagem simples. Às vezes é aconselhável realizar a apresentação entre duas pessoas, o técnico e o especialista em comunicação.
4. Podemos gerar expectativa contando previamente o geral da demonstração e acrescentando elementos dramáticos, como o que ocorria antes que nosso produto existisse ou o que nossa concorrência oferece e que sempre será muito inferior.
5. Podemos surpreender com a demonstração, de forma que ao longo dela a atuação de nosso produto seja espetacular e supere as expectativas da sala.
6. Se estamos perante um público grande, façamos a demonstração de forma breve, para não cansar, mostrando um resumo ou uma parte do produto. Sempre poderemos remeter as pessoas do público mais interessadas a uma demonstração personalizada e particular, em cada caso concreto e um contexto mais privado, em que poderemos empregar muito mais tempo.
7. Ensaiemos a demonstração no lugar físico várias vezes e inclusive um pouco antes da entrada do público. Às vezes, produzem-se surpresas indesejáveis por circunstâncias imprevistas. Não improvisemos nunca com as demos; cada passo deve estar muito bem ensaiado.

Em um evento público de apresentações, as demonstrações rompem a monotonia e podem ser responsáveis por uma boa parte do êxito do evento, mas desde que sejam curtas, relevantes e que todos as entendam bem.

4. A *reunião de trabalho*

Poderíamos definir as reuniões de trabalho como atos de intercomunicação humana no contexto empresarial ou profissional, nos quais participam um número pequeno de pessoas.

Portanto, incluímos nesta parte os eventos de tipo interno no âmbito de nossa empresa, assim como as reuniões com clientes e também com distribuidores ou empresas colaboradoras. Em todos eles, deve-se seguir as mesmas pautas, apesar de que as reuniões com clientes devem observar os óbvios critérios de confidencialidade e comportamento que o sentido comum e a ética empresarial exigem.

Também incluiremos e trataremos daquelas reuniões que se realizam em um marco mais relaxado, como os almoços de trabalho e outros eventos que incluem atividades lúdicas como jogos, esportes, viagens etc. Analisaremos alguns detalhes para assegurar o êxito nesse tipo de eventos.

As reuniões de trabalho podem ser classificadas segundo seu objetivo, como:

1. De negócio, quer dizer, revisão de cifras, planificação de objetivos, previsões de vendas, políticas e estratégias de empresa. Aquelas que se centram em analisar dados e fixar metas relativas ao negócio.
2. Lançamentos ou reuniões para iniciar campanhas de vendas ou de *marketing*, programas ou projetos com todo o planejamento de atividades a executar na quais se devem fechar as datas e os recursos para levar a cabo todo o previsto de acordo com os objetivos.
3. De resolução de problemas de tipo logístico, organizativo, legal, operativo, financeiro ou estratégico e na qual a criatividade racional é o substrato para conseguir a idéia brilhante que triunfe.
4. De motivação humana ou os chamados *kick-off* em que se colocam os resultados de reuniões anteriores e tentam formar uma equipe e incentivar o moral das pessoas.

Nas reuniões de trabalho eficazes, é preciso atender aos distintos aspectos tanto em sua preparação como em sua execução, assim como no seguimento das ações posteriores.

4.1. A *preparação da reunião de trabalho*

Como nas apresentações, boa parte do êxito da reunião está em sua boa planificação e organização, assim é conveniente usar o tempo suficiente para cuidar de todos os detalhes.

4.2. *Objetivos e agenda da reunião*

Comecemos por fixar os objetivos da reunião com total claridade, de forma que possamos definir o resto da pauta dos temas a tratar e o formato adequado, assim como as pessoas que vão participar, as datas, a sala etc.

Os objetivos devem ser específicos e mensuráveis; é claro, são a única justificativa da reunião e o que compensa o tempo e o esforço empregado. Evitemos convocar reuniões cujo custo em tempo não seja compensado ampla e claramente com as metas a alcançar.

A agenda deve contemplar a metodologia a empregar em cada caso, as apresentações com a informação necessária e as discussões para avaliar as distintas alternativas, de forma que os participantes tenham os critérios e os elementos de juízo suficientes para a tomada de decisões. Deve-se incluir os tempos previstos em cada ponto a tratar, assim como a logística de data, hora e lugar de realização.

Também é imprescindível que a agenda inclua a informação suficiente do tema a tratar ou onde encontrá-la. Da mesma forma, deve-se colocar detalhadamente a expectativa dos participantes quanto a dados a apresentar e seu formato e, definitivamente, tudo aquilo que evite surpresas e o típico "Ah! Mas isto não foi comunicado".

4.3. Participantes na reunião

As pessoas convidadas a participar da reunião são sempre um tema delicado. Muitas pessoas de características heterogêneas podem trazer diversos pontos de vista e assim enriquecer os dados a aportar, mas também dilatarão muito as discussões e a tomada de decisões. Não há um número ideal, mas pensemos sempre em sermos poucos, como regra geral. As reuniões de mais de seis ou sete pessoas sempre serão lentas e menos eficazes. Uma recomendação é convidar poucos, mas com a heterogeneidade suficiente para dispor do máximo de alternativas.

O tipo de participante sempre deve ser aquele que está relacionado com o objetivo e com os elementos de juízo e a responsabilidade suficientes para trazer dados, critérios e soluções. Portanto, devemos estabelecer que só venham aqueles que possam agregar valor de forma ativa.

Além disso, poderemos convidar outras figuras, tais como:

– Um secretário ou assistente para tomar notas da reunião e atender aos detalhes logísticos.
– Um especialista ou informador de dados, mas que não participe da discussão.
– Alguém muito distante do objetivo, mas que possa contribuir com opiniões criativas.
– Um árbitro ou moderador da discussão que harmonize e vigie as contribuições individuais, controle os tempos e dirija a metodologia do trabalho.

4.4. Sala de reuniões

A sala de realização e a configuração devem ser consideradas com rigor, já que devem ter espaço suficiente para que se possa trabalhar com comodidade; e isso inclui a sonorização, luz ambiente e temperatura corretas, de forma que evitemos distrações ou comentários sobre as condições ambientais.

A forma de estarmos sentados deve ser aquela que favoreça a participação de cada um dos participantes de maneira que haja contato visual entre todos e sem barreiras físicas. Se pudermos ficar sentados em um círculo e sem mesas, melhor, embora às vezes seja imprescindível a mesa para apoiar documentos e outras ferramentas a serem usadas. Nunca devemos realizar reuniões com mobiliário irregular, como a mistura de sofás, cadeiras e poltronas, já que cada participante deve ter sempre a mesma posição em relação aos demais.

Outro detalhe a considerar é a colocação das pessoas. Eliminemos a posição de líder ou diretor da reunião, como a que de forma automática se outorga a quem se senta na ponta da típica mesa retangular. Tentemos fixar os postos colocando os nomes dos participantes em cada cadeira, de maneira inteligente. Existe a tendência natural a sintonizar mais com a pessoa que está ao nosso lado e a nos enfrentar com a pessoa que está sentada em frente; portanto, levemos em conta previamente esse fato e atuemos conseqüentemente na designação dos lugares.

Na sala devem estar previstos os meios audiovisuais, como o projetor e a tela para as possíveis apresentações, conexão à rede e à Internet, telefone para as conferências ou videoconferências, assim como água, café e algum outro elemento de refrigeração para o abastecimento. É importante que haja lousas ou *flip charts* para poder escrever idéias ou dados e facilitar a discussão e a análise.

4.5. A *comunicação prévia*

Com tempo suficiente, vários dias ou semanas, segundo o caso, devemos enviar a agenda e os objetivos aos participantes, para que todos possam se localizar em seus calendários e se preparar conseqüentemente com a antecedência suficiente. É necessário sempre pedir a confirmação de participação na reunião.

Também é importante ter umas palavras diretas com cada pessoa antes da realização e manter um contato que nos permita conhecer de antemão algumas posturas e poder estabelecer critérios e táticas na reunião que melhorem sua eficácia.

4.6. A realização da reunião de trabalho

Aqui estão os critérios que devem reger qualquer reunião de trabalho:

- Cumprimento dos objetivos.
- Pontualidade e rigor com a agenda, mesmo que com certa flexibilidade que permita conseguir os objetivos.
- Observar a metodologia de trabalho.
- Informar com dados objetivos.
- Participação ativa e contribuição de todos os participantes.
- Evitar interrupções.
- Focalização em fatos evitando as personalizações.
- Anotar e levantar a ata da reunião.
- Resumir as conclusões e fixar as ações posteriores.
- Comunicar minutas e resultados.
- Controle e seguimento posterior. Avaliação da eficácia.

A reunião deve começar com a apresentação dos objetivos e da agenda, assim como a metodologia a empregar. Também se deve resumir a ata da reunião anterior se houver alguma, de forma a ter os elementos de juízo necessários que permitam o conhecimento suficiente dos participantes.

É recomendável a breve apresentação de cada pessoa no caso de não se conhecerem entre si, de forma que todos saibam as características dos demais interlocutores e sua relação com o assunto a tratar.

Nessa fase prévia, podemos convidar à participação ativa e aproveitar para pedir a desconexão de celulares, *palmtops*, computadores ou qualquer forma de distração.

4.7. Métodos de discussão

Há vários sistemas de conduzir uma reunião de trabalho segundo o tipo, os participantes, o tempo disponível e muitos outros critérios. Mencionaremos brevemente alguns:

A tormenta de idéias ou *brainstorming*, muito apropriada para resolver conflitos de forma criativa e também para a criação de *slogans* ou mensagens. A idéia é tentar fazer com que cada participante contribua com idéias de forma espontânea e sem restrições, dentro de um ambiente asséptico onde não se julgue cada idéia até o fim. Para favorecer as idéias criativas, às vezes omitimos o verdadeiro problema a ser resolvido e generalizamos o contexto, para descobrir ao final o verdadeiro objetivo.

> *Em uma reunião com participantes de distintos departamentos foram pedidas idéias para guardar coisas. Entre elas, apresentaram-se o uso de pilhas de caixas, pendurá-las no teto, levá-las ao espaço exterior etc., e ao final se revelou que o verdadeiro problema era colocar os carros dos empregados na garagem do escritório, que havia ficado pequena. Empilhar foi a solução adotada, implantando plataformas elevadas que permitem estacionar dois carros em uma mesma vaga, um em cima do outro. Se o verdadeiro problema tivesse sido colocado desde o princípio, nossas barreiras mentais e convencionalismos teriam impedido a aparição da idéia que solucionou o conflito.*

Outro método de debate é a **repartição de cartolinas** em que cada pessoa escreve idéias de forma anônima, todas são recolhidas e presas em um painel, agrupando-as por semelhança. Depois são classificadas e avaliadas com uma pontuação segundo cada participante, de maneira que cada um outorgue três pontos à idéia que mais gostou, dois à seguinte, um à seguinte e zero ao resto. Ao final os resultados são tabulados e se comentam as opções mais votadas.

A análise SWOT, já descrita e pela qual verificamos as forças, fraquezas, ameaças e oportunidades, oferece perspectivas muito eloqüentes e pontos de vista amplos sobre qualquer situação. Descrever essas características em um quadro-negro e à vista de todos permite ter sempre presentes todos os aspectos circunstanciais do problema.

Também podemos apresentar uma tabela em que escrevemos as distintas alternativas com valorizações numéricas ou pesos, que permitam a correta avaliação de cada uma delas. Ou também exercícios que apresentam dados de maneira objetiva e que ajudarão a tomar a melhor opção de forma racional, já que os seres humanos têm a tendência a ver de forma preconceituosa e colocar barreiras de pensamento.

4.8. Análises de alternativas e discussão

Uma vez expostos os dados e as informações necessários para avaliar as distintas possibilidades e opções, é imprescindível manifestar as restrições aos critérios de seleção, em função dos recursos, orçamentos, tempo, políticas, compromissos adquiridos etc. Assim, poderemos já descartar aquelas idéias que sejam inviáveis, embora nunca devemos descartar o salto a algumas restrições com valentia e criatividade se a solução vale a pena.

As restrições podem ser classificadas em três grandes grupos:

- As físicas, como os fundos, o tempo, a informação, ou os recursos de qualquer tipo que nos farão eliminar de cara algumas das soluções apresentadas.
- As políticas, derivadas da cultura empresarial, das relações interpessoais e departamentais, da hierarquia existente, das leis e da ética profissional ou inclusive da manipulação mal-intencionada de alguém.
- As pessoais, que incluem os preconceitos sobre as pessoas por razões de idade, sexo, cargo, assim como as metas próprias de cada pessoa dentro da empresa.

Como vemos, há restrições imponderáveis e outras indesejáveis, mas que existem, e não podemos esquecer de que estão presentes no debate.

A polêmica deve ser muito controlada para que seja eficaz, com contribuições de verdadeiro valor, evitando as saídas do tema a tratar, as personalizações e as posturas agressivas ou indiferentes, sendo que todos os presentes devem se tornar verdadeiros participantes e colaboradores.

4.9. Os participantes na reunião

Além dos que trabalham como secretários, especialistas ou moderadores, nas reuniões de trabalho podem aparecer entre os participantes certos personagens que devemos considerar, já que suas contribuições devem ser filtradas com determinado rigor:

- **O abúlico** ou indiferente, pessoa que costuma intervir pouco e procura não assumir nenhum dever; se fazem uma pergunta a ele, responde com evasivas e seu grau de compromisso é baixo. É preciso estudar se é uma atitude transitória ou característica do indivíduo.
- **O alpinista** ambicioso, que deseja ascender a todo custo, sintonizando sempre com seus superiores, apresentando idéias que outros devem realizar porém manifestando sempre um grande entusiasmo. Pode ser útil em ocasiões, mas é preciso ter cuidado porque não costuma obedecer a critérios de ética ou de estratégia empresarial.

- **O agressivo** excessivamente crítico, que fomenta a provocação, costuma ser negativo com tudo e pode levar ao enfrentamento pessoal. Às vezes é um revulsivo para que os abúlicos saiam de seu tédio, mas em geral devemos evitar os comportamentos violentos.
- **O avô**, com grande experiência e ceticismo, mestre do sarcasmo, critica tudo e não costuma apresentar ações a serem realizadas, mas ataca todas.
- **O primeiro ator**, que tenta protagonizar a cena falando em demasia sem nunca escutar os demais. Não tem a ambição do alpinista porque, caracteristicamente, é somente um charlatão.
- **O piadista** irônico, que se passa como engraçado e que trata tudo de maneira frívola. Não confundir um certo sentido do humor que deve ser bem aceito e nunca está marcado pela seriedade profissional.

Mas também podemos identificar outros dois tipos de personagens, que são aqueles que levam a cabo a tarefa com êxito e que são fundamentais em qualquer reunião de empresa:

- **O colaborador** que intervém com criatividade, valentia, rigor e otimismo, que se entusiasma e assume as tarefas correspondentes e que é quem contribui com verdadeiro valor.
- **O líder** espontâneo, a pessoa que acaba por ser reconhecida pelos demais como o autêntico chefe da reunião. Costuma ser identificado por ser aquele que soluciona os problemas e os conflitos que se produzem no debate com diplomacia, educação e buscando aproximar os critérios enfrentados. O líder costuma falar pouco, sobretudo no princípio, mas observa e escuta com grande atenção. Essa pessoa termina por influenciar a maioria dos participantes e acaba por impor democraticamente suas idéias, assumindo pessoalmente sua realização.

Uma vez identificados os possíveis "personagens", tentemos que todos se comportem como colaboradores ativos e sejamos nós esse líder reconhecido, atuando como foi descrito anteriormente, com entusiasmo, racionalidade e também com grande iniciativa.

Nossas intervenções na reunião devem ser regidas pelos mesmos princípios que nas apresentações a um auditório, mas com maior ênfase na audição ativa e procurando nos manifestar depois das opiniões dos demais, nos momentos adequados, sem retórica mas com eficácia.

4.10. A *decisão final*

Nesta parte podemos empregar o sistema democrático de votação, com certas exceções, como o direito de veto da máxima autoridade ou a observação das restrições estabelecidas. O desejável é o consenso unânime de todos os presentes, e para isso convém tentar convencer todos os oponentes pela solução mais votada, que é talvez a mais viável e provavelmente a de maior possibilidade de êxito.

Dada a dificuldade de mudar a opinião do ser humano, podemos tentar que cada um dos presentes se envolva na solução e realize ações a respeito, quer dizer, que a assuma como sua própria.

Uma vez estabelecidas as decisões, é bom fazer um resumo da reunião de forma muito breve, designando as tarefas a realizar às pessoas correspondentes, fixando o calendário de atividades no qual se devem incluir os pontos de verificação de resultados e as datas e lugares para uma futura reunião de seguimento, se for o caso.

4.11. O *acompanhamento posterior*

Muitas reuniões exitosas foram pouco eficazes porque as decisões adotadas não foram controladas e monitoradas para garantir que tenham sido realizadas com exatidão. É bastante habitual que, dentro de um ambiente muito dinâmico de trabalho, os aspectos de seguimento de atividades sejam descuidados, confiando na boa disposição das pessoas. Não devemos deixar de exercer um controle sobre as ações a realizar, verificando resultados, informando sobre as conquistas obtidas e exercendo as medidas corretoras em caso de qualquer desvio dos objetivos colocados.

O seguimento parte de informar sobre as minutas da reunião tanto aos participantes como a outras pessoas relacionadas com o tema que se discutiu; depois, e de forma regular, devemos comprovar a realização das decisões tomadas e informar igualmente. Se praticamos esse procedimento com rigor, acostumaremos a organização de que nossas reuniões são realizadas com rigor e o decidido deve ser sempre cumprido.

4.12. As *reuniões em contexto descontraído*

Aqui incluiremos aquelas atividades internas ou com clientes, que se realizam fora das salas de reuniões e em um ambiente mais relaxado como em um restaurante, um evento esportivo, uma festa ou qualquer outro lugar onde se pretenda fortalecer os laços pessoais íntimos, dentro de uma política de adquirir maior grau de compromisso.

Os seres humanos tendem a se relacionar no âmbito social e familiar assumindo obrigações por pertencerem a um grupo humano, sendo mais vinculadores e estreitos os laços entre colegas de profissão, membros de um clube, companheiros de esportes ou praticantes de uma mesma atividade do que entre, por exemplo, os membros que acabam de se conhecer dentro de uma relação comercial ou profissional.

Os eventos lúdico-festivos com clientes tentam conseguir esse grau de intimidade e confiança que obrigam ambas as partes a exercerem uma influência sobre o outro por cima do estritamente profissional, dando prioridade e tratamento favorecido ao cliente que, além disso, é um amigo. Esses atos devem ser um complemento a uma política continuada de relação sincera e estreita no aspecto profissional; de nada vale convidar o cliente a uma partida de futebol se no resto do ano temos uma comunicação distante e de desconfiança.

Portanto, englobemos essas atividades dentro do planejamento da conta com cada cliente ou dentro da filosofia de recursos humanos em caso de atos internos.

4.13. O almoço de negócios

Deve-se colocar como marco da comunicação relaxada e coloquial em que misturaremos temas sociais e cotidianos, evitando carregar muito o ambiente com temas profissionais. Passar o almoço tentando vender nosso produto ao cliente é muito pouco eficaz e de péssimo gosto.

O objetivo de um almoço de negócios é fortalecer os laços de comunicação entre as pessoas como um elemento a mais da relação profissional. Nunca será o ato definitivo para uma meta comercial, mas ajuda se o fizermos com vontade sincera de ganhar intimidade e passar um tempo agradável.

Sejamos cuidadosos com o lugar escolhido, procurando um ambiente tranqüilo e agradável que facilite o relaxamento e o diálogo. Procuremos que o menu não seja rechaçado por nosso cliente por ser muito exótico ou outros motivos gastronômicos, religiosos ou sanitários.

Procuremos começar o encontro com temas neutros evitando as discussões sobre esportes, política ou religião, já que são temas que fomentam o radicalismo. Deixemos para o final os temas de negócios ou profissionais, uma vez que já exista uma maior camaradagem. Observemos o comportamento do cliente dentro da conversa e tentemos conseguir a empatia e buscar pontos em comum de confluência de opinião.

Façamos com que o colóquio seja muito participativo para todas as partes, evitando que alguém conquiste a atenção de todos com temas monográficos. O almoço de negócios é uma excelente ocasião para fazer as pessoas tímidas falarem. Assim, podemos conhecer pareceres que, de outra forma, seria difícil obter. Tentemos saber as inquietudes e motivações do cliente e provoquemos a que se abra com confidências que nos permitam lhe orientar melhor e solucionar seus problemas de forma profissional e sincera, conseguindo uma relação verdadeiramente estreita e de longo prazo.

Para que tudo seja perfeito, devemos escolher um menu leve e cuidar para que ninguém tome muito álcool, de forma que estejamos absolutamente lúcidos e atentos às linguagens verbal e corporal dos presentes. Façamos com que o almoço seja cordial e divertido, para podermos repetir a reunião com êxito.

5. Eventos lúdicos

Nesta sessão trataremos os aspectos relativos às apresentações que incluam ou estejam localizadas em eventos que, por sua vez, incorporem elementos de diversão e relaxamento, como jogos entre equipes, atividades extraprofissionais, banquetes, homenagens e qualquer atividade lúdica que sirva para criar um ambiente relaxado, distinto da formalidade tradicional à qual estamos mais acostumados.

5.1. Jornadas de confraternização

Podemos dar este nome aos eventos organizados para criar um ambiente de camaradagem entre equipes de distintos departamentos ou entre empresas colaboradoras e nos quais se incluem sessões de apresentação, *workshops* e atividades lúdicas, tudo isso dentro de um marco informal e relaxado que facilite a diversão e favoreça um maior contato entre as pessoas.

Nesta sessão, podemos incluir as competições esportivas interempresariais, os lançamentos, as viagens de motivação e os seminários com atividades competitivas por equipes, como os atualmente populares jogos ao ar livre, guerras de *paintball*, exercícios de orientação, viagens em jipe, a cavalo, corridas de *kart* etc.

O gancho entre as apresentações e as competições por equipes, em que cuidaremos da mistura de pessoas de distintos departamentos ou entre clientes e fornecedores, é sempre prático para conseguir reforçar as mensagens e criar certa camaradagem. Por exemplo, organizar jogos de cassino com fichas, em que estas sejam distribuídas como prêmio às respostas corretas relativas às apresentações, é uma das múltiplas idéias para fazer com que nossos produtos sejam melhor recordados pelos participantes.

Nesses eventos devemos prestar especial cuidado aos aspectos de segurança, evitando a possibilidade de acidentes ou percalços que sempre atrapalham o êxito esperado. Os esportes de risco devem ser omitidos, e também as atividades que impliquem alguma possibilidade de problemas. Se pensarmos em alguma atividade esportiva, consideremos que a maioria das pessoas desgraçadamente não possui a forma nem a idade adequadas para sair incólumes da prova, e podem aparecer lesões indesejadas, algo que é preciso evitar a todo custo.

Algumas idéias para atividades de equipe:

- Exercícios de orientação e busca.
- Realização de um vídeo publicitário.
- Construção de um objeto complexo.
- Concurso de degustação de vinhos.
- Jogos de habilidade manual ou corporal.

Em todos eles se fomenta o espírito de equipe e se demonstra como se conseguem as metas fixadas fazendo com que a equipe funcione, evitando os individualismos brilhantes em favor do entrosamento entre os membros de uma equipe bem organizada, com uma especialização de cada membro e organizando as ações a realizar a partir de um consenso.

5.2. O discurso em um banquete

Às vezes, e durante os almoços que acontecem dentro de eventos com grande participação de pessoas como congressos ou seminários, pode-se fazer uma apresentação aos comensais que costuma ser realizada na hora da sobremesa, quando todos estão contentes e relaxados.

Antes de fazermos esse discurso, devemos levar em conta certos aspectos que podem atrapalhar a festa e converter um divertido jantar em uma tortura de muito desgosto para os convidados.

Normalmente, em uma sala de banquetes é praticamente impossível que todos os presentes possam ver corretamente o orador, precisando girar e ficar em posturas algo incômodas se quiserem vê-lo. Além disso, interrompemos sua agradável conversa com os companheiros de mesa com um discurso que ameaça ser pouco divertido. Também há ruídos ambientais de talheres e garçons que se interpõem e distraem o público. Quer dizer, apesar da alegria de nosso público, há elementos suficientes para aumentar ao máximo a eficácia de nossa comunicação e evitar a chatice de ouvir um discurso sem atrativos. Todos já participamos de banquetes que eram bastante agradáveis até que alguém pegou o microfone e acabou por cansar todos os presentes.

O discurso do banquete deve restringir-se a aspectos muito gerais e expostos da forma mais relaxada e simpática possível, no menor espaço de tempo e sempre observando a resposta do público na expressão de seu rosto.

O mais recomendável é agradecer a presença do ato por parte do seu patrocinador e contar alguma história ou anedota curta com grande mensagem implícita, para terminar com um brinde pelo êxito comum no futuro. Também é o momento de anunciar algo inesperado e de certa importância. Se transmitirmos uma mensagem engenhosa, inovadora, útil e breve, terá valido a pena a interrupção do jantar.

5.3. Artistas convidados

Dentro de um evento mais informal, podemos convidar para participar como moderador ou até para dar uma palestra alguém famoso, que tenha carisma suficiente para atrair nosso público. Dito personagem deveria ter alguma relação com nossos produtos e empresa, ou ao menos incorporar em seu discurso algumas palavras que reforcem nossa mensagem. Como convidados de luxo, podemos levar figuras do mundo dos esportes, da arte, da TV, sendo que os humoristas, ilusionistas e cômicos em geral são os com maior nível de aceitação e os que, além disso, conhecem melhor a arte de falar diretamente com o público.

A participação de pessoas famosas pode aumentar o poder de convocatória, mas nunca ser o centro de atenção da apresentação, já que corremos o risco de que nossa mensagem fique minimizada e o público saia com a imagem do artista e nem se lembre sobre o que era o evento.

Existem artistas muito profissionais dedicados a colaborar em eventos de empresas a quem se pode passar uma apresentação, e eles são capazes de incorporá-la a seu espetáculo com grande sucesso: cantores que criam letras de músicas com nosso *slogan*, mágicos que brincam com nossos produtos e inclusive malabaristas que realizam piruetas enquanto apresentam nossa oferta; enfim, todo um *show*.

É fundamental tomar cuidado com os ensaios prévios com o artista convidado e assegurar, antes do ato, que ele possua todas as informações suficientes para realizar sua atuação com êxito e dentro de nossos objetivos. Alguns consideram que conhecem muito melhor que nós como se portar em um palco e evitam os ensaios e nossas opiniões, mas os objetivos comerciais do evento são de nossa exclusiva responsabilidade e devemos conseguir uma coordenação perfeita na comunicação de todo o evento.

O convidado de luxo é, portanto, um complemento vistoso que traz prestígio, originalidade e amenidade a uma apresentação e deve estar em total sintonia com o objetivo do evento, o público e nossas mensagens.

5.4. *Atividades complementares*

Como complemento a algumas jornadas ou seminários, em ocasiões se planejam atividades complementares, como visitas culturais ou eventos colaterais de interesse do público. Entre eles, podemos destacar os concertos, as estréias de filmes, as visitas a lugares de interesse como estádios, palácios, tavernas, centros de investigação ou lugares de interesse artístico ou histórico. As visitas podem incluir alguma atividade interativa em que os ouvintes participem.

Essas atividades podem trazer um valor adicional a uma apresentação, como o convite a um almoço ou uma lembrança, de forma que contribuam com um certo gancho na convocatória, mas com algumas exceções em linhas gerais:

– Não têm por que ser de interesse de todo o público.
– Não geram comunicação entre os participantes.
– São de difícil sintonia e coordenação com nossa mensagem.
– Supõem um custo importante.

Às vezes nos confundimos pensando que o resultado final de um evento tem a ver com o êxito da atividade lúdica complementar, esquecendo do objetivo principal que tínhamos e das mensagens comerciais que desejávamos transmitir.

O poder de convocatória a um evento deve estar baseado em uma agenda com grande conteúdo de interesse para nosso público e na qual as atividades lúdicas, os artistas convidados e qualquer outro complemento amenizador devem ser um adorno mas nunca o gancho da atração.

6. A *conferência clássica*

Se somos convidados a fazer uma apresentação dentro de um ciclo de conferências, em um ato oficial ou no geral, como o velho discurso, podemos e devemos empregar as mesmas habilidades e recomendações sobre a arte de fazer uma apresentação eficaz, embora levando em conta certos aspectos.

Normalmente, uma conferência tradicional não costuma ter objetivos de negócio, mas, como muitas, objetivos de imagem ou de prestígio acerca do orador e da entidade que ele representa. Também pode haver unicamente objetivos acadêmicos, informativos, políticos ou lúdicos, assim o estilo tende a ser menos comercial. No entanto, mantêm-se os critérios de adequação ao público, geração de interesse e amenidade que sempre devem ter os atos públicos de comunicação oral.

As conferências em que ficamos sentados em uma cadeira, atrás de uma mesa e só utilizando as palavras, sem apoio audiovisual, são o maior desafio na nossa profissão de oradores. A mesa é uma barreira em nossa comunicação, e estar presos a ela impede a expressão corporal, o domínio do espaço e a aproximação ao público.

Manter um alto grau de seguimento em nosso público implica que devemos preparar e estruturar muito mais o discurso do que se se tratasse de uma apresentação comercial com apoio gráfico e deve possuir muitos elementos dialéticos que incitem o interesse da sala, por exemplo:

- Incluir dados curiosos e conceitos novos.
- Usar muito as metáforas e comparações.
- Empregar variações de tom e volume de nossa voz.
- Contar anedotas, histórias pessoais, exemplos.
- Fazer perguntas abertas ao público.
- Usar as mãos para descrever conceitos.
- Evitar ler o discurso, trabalhando as notas escritas com as idéias principais e os dados numéricos.
- Perceber o que acontece com a platéia e não ser chato.

Quer dizer, as mesmas recomendações que devem ser consideradas nas apresentações comerciais, mas com maior densidade de utilização para sermos amenos, eloqüentes e didáticos.

O conferencista famoso costuma ser uma pessoa que, além de estar dotada de habilidades comunicativas, é um excelente analista, e seus discursos trazem diferentes pontos de vista, quer dizer, engenho e criatividade. Um bom orador é, sobretudo, um especialista no tema sabe falar muito bem sobre ele.

Capítulo 4

A organização da apresentação

Neste capítulo, cobriremos os detalhes colaterais e logísticos das apresentações, dos seminários, jornadas, congressos ou qualquer evento público de comunicação do âmbito empresarial. Analisaremos tudo o que se refere ao discurso e definiremos pautas de atuação e um calendário de atividades. Responderemos ao quando, onde, como, quanto, para quem e por que de uma apresentação.

4.1. A *equipe organizadora*

Depois de definir os objetivos da apresentação, que teoricamente foi fruto de um intercâmbio de idéias entre os responsáveis de uma reunião de trabalho e que obedeceram a uma estratégia empresarial, seguindo as pautas de atuação da empresa, passamos para o segundo passo, que é o de definir o público idôneo para receber a nossa mensagem.

Ambos os aspectos – objetivos e público – foram tratados no primeiro capítulo. Agora focaremos nas configurações mais logísticas e colaterais da apresentação em si, mas que devem ser tratadas com cuidado e em detalhe para prevenir falhas e para que se alcancem os objetivos colocados.

Comecemos por uma reunião interna com as pessoas responsáveis três meses antes da data do evento. Isso é muito útil para determinar os objetivos e o público-alvo e permite evitar improvisos desagradáveis.

Mais vale um "se por acaso" do que um "quem ia imaginar".

Nessa equipe devem estar presentes os que assumem compromissos comerciais pelos clientes, o departamento de *marketing* como responsável pela logística do evento e, é claro, os palestrantes. Definitivamente, as pessoas que vão realizá-lo junto ao departamento de vendas, que deve cuidar para que os clientes recebam as mensagens adequadas às suas necessidades.

O grupo determinará um calendário de reuniões de controle dos diferentes passos a seguir. Nessas reuniões fixaremos a agenda do evento, o convite, a comunicação e a convocatória, a forma de registrar os assistentes, a escolha do lugar e do momento, os meios audiovisuais necessários, a documentação a ser entregue, os orçamentos e o controle de gastos, o acompanhamento posterior e qualquer detalhe adicional, como cobertura de imprensa, presentes aos palestrantes, lembranças para o público, contratação de convidados etc.

Todo o calendário de atividades, ou seja, as ações a serem realizadas, o momento de realizá-las e as pessoas encarregadas de levá-lo adiante, está descrito em detalhe no final deste capítulo

4.2. Quando realizar a apresentação?

Para que a apresentação seja eficaz, devemos coordenar perfeitamente a forma e o conteúdo. A data e o lugar escolhidos são importantes para apoiar a transmissão da nossa mensagem. Quando os dias escolhidos coincidem com outras atividades importantes para o nosso público, é garantia de pouca presença ou de que enviem pessoas que não tomam decisões, só para constar. Devemos evitar feriados, emendas ou vésperas; segunda-feira e sexta-feira nunca são recomendáveis. Muito menos épocas tipicamente de férias e datas em que haja eventos de interesse social ou naquelas em que o nosso público estiver atarefado com outras atividades, como os encerramentos anuais, cursos internos, feiras internacionais etc. Uma consulta ao calendário do setor industrial é obrigatória.

A hora e a duração da apresentação influenciam em parte do sucesso. Em princípio, qualquer hora do dia pode ser adequada, sempre que permita a livre assistência. Convocar às oito da manhã parece algo disparatado, assim conhecer os horários habituais de trabalho do nosso público-alvo nos dará a hora adequada aplicando o senso comum.

A duração do evento também permite vários cenários, ainda que a primeira norma seja NÃO ABORRECER o público e "o que é bom, se breve, é ainda melhor...". No entanto há que pensar que a pressa não é boa e que quanto mais tempo um cliente estiver conosco, menos tempo estará com a nossa concorrência. Portanto, devemos preparar um tempo equilibrado, o suficiente e necessário para os nossos interesses dentro de um critério de eficácia na comunicação.

Devemos preparar a agenda com muita inteligência, de forma que os palestrantes possam expor suas mensagens sem precisar correr, porém ajustando-se ao previsto. Passar do tempo é sempre ruim para todos e indica uma falta de organização no evento, que pode ser entendido como um erro de rigor em qualquer atividade de nossa empresa, trazendo uma má imagem desta.

Deve-se respeitar a hora de começar. Os famosos minutos de cortesia para os que chegam atrasados fazem com que os que chegam cedo sofram por sua pontualidade. Uma solução é convocar meia hora antes da primeira palestra e oferecer nesse tempo a documentação, fazer o registro dos presentes e convidar a um café de boas-vindas. Dessa forma, e na hora prevista, todo mundo estará sentado em seu lugar, com os papéis preparados e o estômago quentinho. Contemos com que alguém sempre chegará atrasado. O que podemos fazer? Acontece no mundo todo.

4.3. O local da apresentação

O lugar deve ser adequado em vários aspectos: localização, acesso, capacidade, conforto, imagem e meios técnicos. Precisamos estudar todos esses fatores para conseguir o melhor lugar dentro do orçamento previsto. Nem sempre o maior ou o mais caro é o melhor. O público deve se sentir confortável em um ambiente aconchegante.

Ter 50 pessoas em um auditório para 500 dá uma imagem de falta de convocatória e faz com que o público se sinta decepcionado pela falta de quorum. Uma norma fundamental é ajustar o local ao número de participantes, de forma que entre eles não haja cadeiras vazias. O comportamento de um grupo compacto favorece a comunicação coletiva, por isso, devemos configurar as cadeiras no dia anterior à apresentação segundo as pessoas confirmadas.

Além de cadeiras confortáveis, é conveniente colocar mesas ou cadeiras com apoio para facilitar o trabalho de quem quiser fazer anotações. As mesas permitem maior comodidade para poder apoiar os braços, escrever comodamente, dispor de água, balas ou outros elementos que façam a reunião mais amena. A disposição das mesas deve ser feita considerando que a colocação em aula, quer dizer, mesas retangulares paralelas à linha do palco, favoreça a atenção. A disposição em mesas redondas para seis a nove pessoas é ideal se incluirmos café da manhã ou almoço de trabalho, ou se temos oficinas de trabalho em equipes em algum momento da agenda. A disposição de mesas em U ao redor do palestrante é recomendável para a participação ativa de cada pessoa do público, que pode fazer comentários e perguntas, e é recomendável para grupos de dez a 25 pessoas.

Realizar o evento nos escritórios de nossa empresa é sempre menos custoso, mais rápido de montar e permite mostrar nossas instalações aos clientes; porém, às vezes se consegue mais e melhor público se escolhermos um lugar no centro, de fácil acesso e estacionamento, conhecido por todos. As salas dos hotéis são um recurso tradicional, ainda que possamos dar um toque mais original escolhendo um palácio clássico, um teatro, um museu ou até um estádio de futebol. Há muitos lugares novos e diferentes que podem dar originalidade à convocatória.

O lugar escolhido aporta certa imagem a nossa empresa e ajuda a dar relevância à palestra. Estamos obrigados a usar lugares elitistas se falarmos de produtos de alto valor ou tratando com grandes empresas. O custo comercial ao convocar o público a lugares de segunda linha pode ser muito alto e não compensa com a possível perda de prestígio que, sem dúvida, afeta o negócio.

Precisamos revisar sempre a qualidade da sala: o som, a flexibilidade, os audiovisuais e os serviços periféricos. Acontecem contratempos quando:

- Há uma obra no prédio do lado (alto nível de ruído).
- O teto é muito baixo e as lâmpadas impedem a projeção.
- Faz muito calor ou frio.
- A tela de projeção é tão grande que pode enjoar.
- A tela é tão pequena que não dá para ler os *slides*.
- Há reverberação ou eco e ouve-se mal.
- A sala é de difícil acesso.
- Não há tomadas suficientes.
- É muito difícil estacionar nas redondezas.

O melhor é colocar-se no papel de uma pessoa que assiste à palestra e fazer a viagem uns dias antes para comprovar todas as circunstâncias que vai enfrentar, a fim de colocar em prática as medidas que o senso comum nos aconselha.

4.4. A *agenda*

A definição da agenda é o principal fator para que nosso público-alvo assista à palestra. Deve ser altamente sugestiva e mostrar o essencial para atrair, como temas de atualidade, novidades de produto, opiniões de especialistas e palestrantes reconhecidos. Tudo isso deve estar perfeitamente refletido no texto da agenda começando pelo título da apresentação e de cada uma das palestras, incluindo sempre o objetivo do ato, para quem é dirigido e três linhas de resumo de cada palestra. Também ajuda colocar os nomes e cargos dos palestrantes e esclarecer os aspectos logísticos de lugar, data e acessos.

A ordem dos diferentes palestrantes deve estar minuciosamente estudada segundo uma tática conseqüente e sincronizada dos diferentes temas a serem apresentados, mas também atenta para colocar os pontos de maior interesse nos momentos-chave. Colocar o melhor apresentador no final do evento favorece que o público fique até o final, mas se o anterior é soporífero, corremos o risco de que essa apresentação central acabe com algumas cadeiras vazias.

A primeira apresentação deve dar as boas-vindas à palestra com explicação da agenda e dos detalhes logísticos, e seu apresentador deve ser o mestre-de-cerimônias ou o apresentador de todo o evento. A pessoa de maior hierarquia será quem deverá abrir fogo com uma curta, porém sempre atraente palestra sobre os elementos gerais da mensagem.

Na agenda é conveniente medir muito bem os tempos de cada intervenção e programar descansos de 15 minutos a cada duas horas aproximadamente. Descansos maiores prejudicam a continuidade do evento e favorecem as saídas.

As demonstrações de produto devem ser curtas, não mais do que 20 minutos. Se for necessária a intervenção de técnicos, eles também deverão estar devidamente treinados. Às vezes são realizadas apresentações entre duas pessoas que criam um diálogo que teoricamente as tornariam mais amenas, mas que devem ser muito bem ensaiadas, já que na maioria dos casos esses duetos costumam ficar algo cafonas e mais dignos de formatura do segundo grau do que de eventos profissionais.

A última apresentação deve ser, como nos espetáculos, a melhor, já que o público retém mais o que vê e ouve por último. Ser o último palestrante permite, além disso, a réplica às anteriores e possíveis modificações ou adaptações em tempo real em função dos discursos que foram feitos antes, da atitude do público e das condições do ambiente. Portanto, devemos ter no final um palestrante com postura e profissionalismo suficientes para adaptar-se a uma apresentação muito estimulante e que deixe uma lembrança inesquecível no público.

O final da agenda pode incluir sessões de pedidos e perguntas, um painel de discussão ou alguma atividade mais relaxada e participativa. No entanto, considerando que o último que se ouve é o que mais fica na mente, é melhor terminar com conclusões muito breves da apresentação, durante cinco minutos, nas quais o apresentador de todo o evento resume as mensagens e as ações propostas ao público.

A agenda deve ter um formato agradável e estar de acordo com a mensagem, incluindo elementos gráficos que a façam atrativa. É bom utilizar profissionais da área para a organização e devemos colaborar estreitamente com eles para acomodar uma agenda cativante e bem planificada.

4.5. O *convite*

Deve ser uma carta personalizada para o convidado e assinada pela máxima autoridade do evento e onde se resumam as vantagens de assistir à apresentação, expressando a esperança de encontrá-los nela. O corpo da carta deve conter os benefícios que o participante obterá pela informação que receberá perante a clara manifestação de um problema que urge resolver. É importante asseverar informações irrefutáveis que ajudem a convencer da utilidade da palestra. Porém, isso deve ser feito com a maior honestidade e seriedade. Ou seja, não devemos exagerar nem prometer coisas impossíveis, devemos ser fiéis ao que vai ser a apresentação.

A agenda, que acompanhará a carta-convite de forma coordenada tanto no formato quanto no conteúdo, deve estar sincronizada com o convite e estar desenhada com o mesmo estilo tipográfico e gráfico. Não importa que as mensagens essenciais estejam repetidas na carta e na agenda; isso é até aconselhável.

Às vezes, convém incluir aspectos colaterais como presentes e material que serão entregues aos participantes. Isso deve ser feito com certo detalhe, sobretudo em convocatórias a grupos muito habituados a esses eventos e aos que devemos motivar com esses diferenciais. Por exemplo, se dermos um livro aos assistentes, coloquemos no convite o título, o autor e até o número de páginas, já que assim é possível apreciar melhor o seu valor.

É sempre muito importante lembrar claramente e repetir em vários lugares a forma de inscrição no evento: completando um formulário, uma página da *web* ou por telefone. O melhor é oferecer as três opções para facilitar a tarefa. Nesse sentido, o formulário a ser preenchido deve ser simples, mas que contenha o mínimo necessário para o nosso acompanhamento comercial.

Além disso, podemos fazer promoção do convite à palestra por meio de anúncios na imprensa, *telemarketing* ou até através do pessoal da empresa. Sempre que a participação seja exclusiva para as pessoas que tenham feito inscrição previamente, poderemos filtrar os intrusos indesejados.

Assim como no transporte aéreo, convém ter uma lista de espera para cobrir as possíveis faltas de última hora, ainda que sempre devamos contar com pessoas que venham sem avisar, inclusive um pouco atrasadas e que sempre querem levar o presente ou ficar só para a refeição.

4.6. Orçamentos

O custo de um seminário, apresentação ou em geral qualquer evento de comunicação para um público pode variar muito em função de múltiplos parâmetros, porém sempre convém saber de antemão as condições mínimas indispensáveis para evitar surpresas financeiras desagradáveis de última hora.

4.6.1. Gastos possíveis a serem considerados

- Listas de possíveis contatos a convidar. Base de dados.
- Confecção e design dos convites. Gráfica.
- Envio de convites, preparação e selagem.
- Cartas de confirmação e agradecimento.
- Documentação e lembranças para os participantes.
- Mural informativo para o evento. Pôster de sinalização de salas.
- Produção das projeções.
- Produção de vídeos de ajuste e apresentação do evento.
- Promoção publicitária do evento na imprensa, Internet etc.
- Recepcionistas para atender o público.
- Serviços de transportes, motoboy.
- Aluguel de meios audiovisuais. Assistência técnica *in situ*.
- Tradução simultânea para palestrantes estrangeiros.
- Local da apresentação.
- Buffet, café da manhã, coquetéis, refeições.
- Acomodação e viagens.
- Contratos com palestrantes de elite.
- Salários de pessoal e horas extras.
- Honorários de apresentadores do evento.
- Honorários da empresa organizadora do evento.
- Relações públicas e cobertura de imprensa.
- Aquisição de produtos para as demonstrações.
- Transportes. Instalação dos produtos para demonstração. Seguros.
- Assistência técnica para os equipamentos de demonstração.
- Linhas de telecomunicações, telefone, ADSL, teleconferência, satélites.
- Permissões municipais ao se utilizarem vias ou acessos públicos.
- Seguros de responsabilidade cível para todo o evento.
- Impostos.
- Telemarketing de acompanhamento.

Esta lista pode assustar. De fato, na maioria das apresentações e dos eventos não se realizam algumas dessas atividades, porém é bom ter uma lista de possíveis gastos que podemos ir verificando para não termos surpresas de última hora. Também é conveniente determinar uma pessoa diretamente responsável por cada uma dessas atividades. Às vezes todos pensam que é o outro quem se encarrega de tal ou qual coisa e ninguém acaba fazendo.

Os serviços requeridos supõem um gasto importante em muitos casos, e, portanto, devemos negociar para conseguirmos preços melhores do que os oficialmente estipulados, situação que pode acontecer principalmente em hotéis e restaurantes. Em geral existe certa flexibilidade nos preços que, se for bem manejada, nos permite conseguir um retorno maior do investimento.

Napoleão dizia que para ganhar uma guerra são necessárias três coisas: dinheiro, dinheiro e dinheiro. Infelizmente, independente de sermos bons comunicadores, se não tivermos uma boa capacidade de convocatória, ficaremos sozinhos e sem poder transmitir a nossa mensagem. Tentemos dispor do maior orçamento possível e dos melhores profissionais na nossa equipe.

4.7. Gestão da sala

O público deve estar confortável o tempo todo, bem atendido e sem possíveis distrações. Portanto, devemos cuidar dos detalhes, começando por contratar profissionais em organizar congressos, que se ocupem de toda a logística do evento, das relações com o pessoal de audiovisuais, sala, buffet etc., de forma que estejam presentes a todo momento para resolver qualquer incidência com autoridade, experiência e capacidade de decisão. Assim, a nossa tarefa de palestrantes ficará livre de preocupações adicionais que nos façam desviar o foco de atenção.

No entanto, convém sempre supervisionar os seguintes aspectos:

- Configuração da sala, forma, do tamanho, acessos.
- Comodidade do público, cadeiras, mesas.
- Iluminação natural e controle de luzes.
- Temperatura e umidade.
- Ruídos externos.
- Som e acústica.
- Audiovisuais.
- Acesso a redes de informática.
- Documentação e presentes para entregar.

- Buffet.
- Acessórios.

Em eventos de certo prestígio ou se a duração for de várias horas e com a participação de vários palestrantes, é conveniente dispor de um coordenador, que deverá ser uma pessoa com experiência em congressos, que costuma ficar no fundo da sala, junto aos controles dos audiovisuais, e cuja missão é dirigir a agenda de todo o evento conforme o que foi previsto. O coordenador ocupa-se de que sejam projetados os vídeos, músicas de fundo, apresentações, luzes etc.

Também podemos contratar recepcionistas de congressos que permitem apoiar a entrega de documentação, o registro de entrada e detalhes logísticos como o buffet, os microfones, a água, as luzes, assim como imprevistos que devem ser solucionados com rapidez e profissionalismo.

4.8. O *áudio*

A sonoridade correta da sala é fundamental para uma boa audição e, portanto, para o sucesso da apresentação. Devemos evitar as reverberações e os ecos. Considerando que os ensaios prévios podem dar falsas sensações a respeito de uma sala cheia de pessoas, que normalmente absorvem o som, devemos dispor de suficiente amplificação acústica para sermos ouvidos com clareza em qualquer ponto da sala; e sem que se produzam problemas de realimentações de onda, pelo que se devem colocar corretamente os alto-falantes, longe dos microfones. Devemos verificar esses aspectos com detalhes antes de começar.

A presença física de um técnico comandando a mesa de som e os amplificadores é obrigatória para assegurarmos a correta audição e solucionar qualquer problema. Façamos com que o técnico também esteja presente nos ensaios prévios.

Devemos antever, ao escolher as mesas de som e os amplificadores, que, além dos microfones, podemos ter áudio proveniente de vídeos e computadores pessoais. Devemos ser generosos com as longitudes dos fios de todos os elementos de áudio.

A profusão de telefones celulares na sala afeta sensivelmente os equipamentos de som, assim sempre devemos assegurar que estejam completamente desligados durante todo o evento. Convém incluir uma mensagem de agradecimento ao público por desligar seus celulares, ao começarmos a agenda.

Se no evento incluirmos músicas e vídeos de abertura, fechamento, descansos etc., devemos escolhê-los bem, de forma que sejam animados e em sintonia com o entusiasmo da jornada, mas sem destoar no som ou no volume. Melodias alegres e conhecidas, com boa acústica, ajudarão a criar um ambiente favorável.

4.8.1. Tradução simultânea

Se temos tradução simultânea para facilitar a compreensão de palestrantes em línguas estrangeiras, é preciso considerar que dentro da sala deveremos colocar a cabine do tradutor, que nunca é totalmente silenciosa e, por isso, temos que distanciá-la o máximo possível do público para evitar interferências. Além disso, é conveniente que os tradutores conheçam o jargão técnico dos temas que serão tratados e que recebam com antecedência uma cópia da informação que será apresentada; é oportuno, também, fazer uma breve entrevista com o palestrante para conhecer seu sotaque particular. É aconselhável realizar ensaios prévios com os tradutores para garantir que a tradução e a compreensão sejam corretas.

A não ser que seja estritamente necessário, é sempre melhor um palestrante de qualidade média na língua materna do que um excelente palestrante estrangeiro. Na tradução, perde-se todo o entusiasmo do palestrante e muitas nuances das palavras e frases. Além disso, é incômodo ter um fone durante muito tempo colado no ouvido. Uma idéia que ajuda a seguir uma apresentação em outro idioma é que pelo menos as projeções que acompanham o discurso estejam na nossa língua. Façamos o esforço de traduzi-las para o nosso público.

4.8.2. O microfone

A utilização do microfone também exige certa disciplina. Esses transmissores de som têm uma área de influência lobular ao redor de sua membrana sonora que sempre precisamos levar em conta. A distância ou a proximidade excessivas provocam o desaparecimento do som ou ruídos incômodos. Devemos ter o microfone sempre à mesma distância da boca e evitar mover a cabeça de forma a ficar fora da cobertura. Se precisarmos levantar a voz para enfatizar uma mensagem, devemos distanciar-nos um pouco do microfone para evitar um barulho desagradável, e se quisermos dar certo ar íntimo ou misterioso a uma frase, devemos falar baixo ou sussurrar aproximando-nos do microfone. Como sempre, o ensaio de todas essas inflexões do discurso com o sistema audiovisual funcionando por completo na sala da palestra permitirá determinar o dinamismo de nosso áudio.

Os microfones devem ser no mínimo três e, se possível, sem fio, de lapela, para permitir a liberdade de mobilidade do palestrante e os movimentos ágeis entre apresentador, palestrantes e possíveis perguntas do público. Além disso, é conveniente ter um outro microfone para repor possíveis avarias ou o fim da bateria.

Nas salas pequenas podemos prescindir dos microfones e falarmos ao público com a voz limpa, que sempre é mais natural e confortável para o apresentador. Falemos para a pessoa que estiver no fundo, trazendo o ar do estômago e sem forçar a garganta. Correto, mas levemos em conta que 30 minutos forçando a voz para sermos ouvidos com clareza pode nos deixar afônicos antes de terminar, e que nossa voz deve abranger o auditório, por isso, tenhamos sempre à mão o microfone e todos os aparelhos que nos permitirão envolver o ouvinte sem forçar a nossa garganta.

4.9. Os *visuais*

A força de convicção da palavra transmitida não é superada por nenhum suporte visual, ainda que uma imagem valha mais do que mil palavras. No entanto, é preciso reconhecer que a capacidade descritiva de uma foto ou de um gráfico se produz de forma instantânea no cérebro de quem olha. Tentem descrever com palavras o pôr-do-sol e comparem com uma foto.

Os textos escritos apóiam as mensagens faladas porque fazem com que sejam dois os sentidos que transmitem a informação ao cérebro: o ouvido e a visão. Além disso, o cérebro humano lembra melhor imagens do que números ou textos e, sobretudo, é muito chato ouvir um palestrante durante muito tempo, sem que haja suporte visual que amenize o discurso. Hoje em dia, é muito difícil ouvir uma pessoa durante mais de 20 minutos sem que haja uma imagem por trás, sobretudo em apresentações de empresa.

A lousa clássica, o *flip chart*, os projetores de transparências, o cinema, o vídeo, as projeções de *slides* e o mais atual computador pessoal com aplicações de apresentações conectado a uma tela são muitas das armas audiovisuais com que contamos. Todas elas contribuem com informação e amenidade ao público e, além disso, são uma forma indireta de que o apresentador não se esqueça de nenhum ponto de sua palestra.

A colocação de telas de projeção e painéis para escrever direto deve ser feita de forma que esses suportes visuais possam ser vistos com comodidade e clareza de qualquer ponto da sala, e à plena luz ambiente para evitar apagar as luzes. Os projetores de vídeo devem estar na parte posterior das telas ou no teto, para que não atrapalhem os movimentos do apresentador. Também é aconselhável acrescentar televisões de plasma de grande tamanho nas laterais dos corredores, se estivermos em salas longas e estreitas.

Se estivermos em um grande auditório com iluminação no apresentador, podemos atenuar um pouco a luz da sala. Atualmente, em alguns grandes eventos filma-se o apresentador através de uma câmera de vídeo e se projeta sobre uma tela na parte de trás, de forma que apareçam as transparências e ao lado o apresentador. Dessa forma, e aumentando a imagem do apresentador, conseguimos maior atenção às palavras e melhor captação da expressão, porém também se vêem mais os defeitos, assim é preciso cuidar mais da imagem e do estilo.

Às vezes se acrescentam cartazes com anúncios como elementos decorativos fixos no palco, que permitem reforçar a imagem da empresa e de seus produtos lançando frases e mensagens subliminares ao público. Tudo isso é muito positivo, porém devemos levar em conta que não devem distrair a atenção do público para o palestrante de plantão. O olhar e a mente do nosso público devem estar pendentes da apresentação sem elementos de distração indesejados.

Todos os elementos técnicos à vista deverão estar colocados com certo cuidado e de forma coordenada com a decoração da sala, de modo que não fique com um aspecto descuidado, com fios no chão, rompendo a harmonia estética e fazendo com que o cenário da nossa apresentação seja um lugar pouco aconchegante e até perigoso. Já aconteceu de uma pessoa cair por tropeçar em um fio ou gente que se feriu porque uma tela caiu sobre o público. Devemos ser cuidadosos e respeitar as regras do bom gosto e as normas de segurança de forma estrita.

Dispor de painéis de escrita ou lousas é muito prático em salas pequenas, já que podemos acrescentar um componente didático em tempo real ou até convidar uma pessoa do público para desenhar ou escrever alguma idéia. Nesses casos, devemos prever suficiente papel e marcadores de escrita grossa para facilitar a leitura à distância. Se tivermos de escrever, é conveniente melhorar a nossa caligrafia. Nesse sentido nunca é bom ter pressa. Devemos escrever fazendo uma boa letra ainda que isso provoque um silêncio na sala que pode assustar pela sua duração. Façamos esquemas ou desenhos agradáveis à vista e de fácil compreensão.

A utilização do projetor de transparências tem certos detalhes que devem ser considerados. O primeiro é que devemos mudar as transparências com rapidez para não cair em excessivas pausas; procurar não ocultar continuamente o conteúdo com papéis opacos, já que isso atenua a luminosidade e, além disso, distrai desnecessariamente. Esses projetores geram calor e ruído, além disso, é uma tecnologia ultrapassada, assim recomendamos outros sistemas mais silenciosos e modernos, como os projetores de vídeo e o computador ou um *palmtop*.

Se acrescentarmos vídeos ou filmes, eles devem ser práticos, curtos, amenos e no nosso idioma, sobretudo devem ser pertinentes e não algo que distraia o auditório. Além disso, devemos sincronizar perfeitamente a sua projeção com as palestras, pelo que se faz indispensável o serviço de um técnico dedicado a essa tarefa.

Já que os meios técnicos têm uma grande tendência a estragar justo no momento mais crítico, tenhamos previsto o que fazer se o projetor quebrar (lâmpada), se o computador travar, se o retroprojetor desligar ou qualquer outra desgraça tecnológica acontecer. Tentemos ter tudo em dobro, das apresentações aos equipamentos, e se for muito custoso ou inviável, devemos ter previsto como seguir adiante sem recursos visuais e só com a nossa capacidade de oratória.

Entre os visuais, podemos encontrar sofisticados meios técnicos como a emissão via satélite com capacidade de recolher perguntas, a videoconferência através de linhas telefônicas digitais de banda larga, o seminário via Internet com suas possibilidades de interação e futuras conexões que ainda virão. Se utilizarmos esses meios técnicos, devemos assegurar que funcionem perfeitamente no local do evento, já que estas tecnologias podem dar diferentes resultados em um lugar por causa da cobertura local. Levemos em conta que depender demais dos meios técnicos implica certo risco que sempre devemos valorizar, já que podemos estragar uma boa apresentação.

As videoconferências ou conexões interativas de imagem e som com lugares remotos oferecem a possibilidade de contar com pessoas e produtos localizados em outros lugares e que podem contribuir com um valor importante ao evento e, além disso, economizar dinheiro em viagens e transportes. Mas nunca será o mesmo que a presença física real. Escutar um palestrante através de uma tela sempre diminui pontos de convicção e aproximação. Devemos pesar essa diminuição de credibilidade antes de avaliar a rentabilidade da conexão eletrônica.

Outro aspecto que deve ser considerado nos meios técnicos é a incorporação de demonstrações práticas dos produtos a apresentar através de sistemas audiovisuais. Nas demonstrações, temos a possibilidade de ver falhas dos próprios produtos, além dos possíveis erros dos meios de projeção. Portanto, as demonstrações práticas devem estar muito bem estudadas nos seus aspectos didáticos e técnicos, já que um erro pode dar a idéia de que o produto é instável e, assim, podemos perder a nossa exposição.

Se estamos em setores tecnológicos como a telecomunicação, a eletrônica ou a informática, temos quase a obrigação de usar os meios de última geração, já que sua utilização criará uma imagem de alta tecnologia que sempre é conveniente para demonstrar que estamos na vanguarda da indústria. A utilização de novos meios representa uma surpresa para muitas pessoas e, portanto, acrescenta um elemento que desperta interesse.

Quando comecei a utilizar um *palmtop* para fazer uma apresentação, era tão fascinante para o público que às vezes me perguntavam no final sobre o meio que tinha utilizado, e cheguei à conclusão de que o dispositivo da apresentação era muito mais interessante do que seu conteúdo.

Devemos cuidar dos meios visuais com muito detalhe, minimizando os riscos de possíveis falhas técnicas e sempre como um apoio ao discurso, nunca como o elemento protagonista da apresentação.

4.10. Documentação e material para o público

É sempre conveniente, e assim esperam os participantes de uma apresentação, a entrega de material informativo que amplie o conteúdo das palestras e permita, posteriormente, seu estudo detalhado.

No registro dos participantes é o momento de entregar a informação necessária para acompanhar o evento, dessa forma devemos colocar uma mesa com os jogos de material e um sistema ágil que evite filas que acabam atrapalhando e dando uma má imagem do começo.

A informação a ser entregue deve incluir, se possível, uma cópia das apresentações, de forma a evitarmos a anotação que pode fazer perder o fio do discurso. Incluiremos, no entanto, material para tomar notas, folhetos dos produtos e da empresa, pastas com capacidade suficiente e outros suportes de informação como CDs, DVDs etc.

Pensemos sempre que a pessoa deve levar todo o material consigo durante o evento e isso pode ser incômodo se não tiver lugar suficiente para guardá-lo.

Portanto, consideremos a entrega total ou parcial ao final do evento, em vez de fazê-lo no começo.

Devemos entregar uma cópia da agenda, notas sobre a logística do evento e, sobretudo, a folha de avaliação para poder analisar o sucesso do evento e recolher as opiniões que nos permitam melhorar da próxima vez. A folha de avaliação deve incluir perguntas abertas para comentários amplos e observações para obter novos possíveis clientes. Essa folha será recolhida no final do evento.

Incluir um presente como lembrança da apresentação é um costume muito comum atualmente que implica um custo pequeno e acrescenta outro atrativo à participação. Convém que esse presente tenha conexão com o tema apresentado e que leve discretamente o logo da empresa apresentadora. Verifiquemos que a qualidade seja aceitável e não entreguemos objetos inúteis; sejamos originais e práticos. O momento ideal da entrega é ao finalizar o evento enquanto recolhemos a folha de avaliação. Podemos acrescentar ao presente uma carta pessoal agradecendo pela presença com um pequeno resumo das mensagens transmitidas e um cordial comentário sobre o presente entregue.

Devemos agradecer os outros palestrantes convidados, com presentes elegantes que podem ser entregues com uma carta de agradecimento, em um lugar discreto e de forma sincera e cordial.

Atividades e avaliação

Nesta seção aparecem duas planilhas de uso obrigatório em qualquer evento empresarial. A primeira nos permite, enquanto organizadores, planejar todo o evento e seu posterior acompanhamento. A segunda planilha é um modelo, muito genérico, para distribuir entre os participantes e obter mais informação sobre suas necessidades, conhecendo também como valorizaram o evento.

Não convém improvisar quando estamos realizando uma tarefa profissional, portanto, devemos seguir um roteiro de atividades completando inclusive um impresso. Ainda que pareça muito cartesiano, é bem prático e impede surpresas desagradáveis.

1. Calendário de atividades de um evento

Tempo	Atividade	Responsável	Comentários
13 a 16 semanas antes	Estabelecer os objetivos da apresentação		
	Perfil do público e como serão atendidas suas necessidades		
	Envolvimento de terceiros		
	Determinar estratégia de convites e lista de convidados		
	Fechar datas e lugares		
8 a 12 semanas antes	Detalhar o processo de registro de convidados		
	Listar material necessário, audiovisuais e documentação		
	Plano de acompanhamento *a posteriori*		
	Fechar agenda		
	Imprimir convites		
	Confirmar lugares de realização		
	Confirmar participação de terceiros		

(continua)

Tempo	Atividade	Responsável	Comentários
8 a 12 semanas antes	Assegurar a logística necessária na sala		
4 a 7 semanas antes	Enviar os convites		
	Programar a logística de viagens e acomodações		
	Começar as ligações de confirmação para os convidados		
	Documentação a entregar		
	Inspecionar o lugar da apresentação		
3 semanas antes	Reunião com outros palestrantes para revisar objetivos, agenda, convidados confirmados...		
	Inspecionar audiovisuais e equipamento técnico necessário		
	Duplicar a apresentação e ter previsto um palestrante substituto		
1 a 2 semanas antes	Carta ou ligação para os convidados registrados, confirmando a apresentação		

(continua)

Tempo	Atividade	Responsável	Comentários
1 a 2 semanas antes	Ensaio da apresentação com amigos com espírito crítico		
3 a 5 dias antes	Confirmação telefônica de convidados		
	Fechar o número de participantes para a logística da sala, buffet e acomodação		
1 dia antes	Ensaio geral com audiovisuais na sala real		
	Provar todo o equipamento		
	Dia da apresentação. Provar equipamento antes de começar, luzes, microfones...		
	Registrar os participantes		
	Entregar a documentação		
	Responder possíveis perguntas		
	Recolher folhas de avaliação da palestra		
	Programar visitas *a posteriori*		
2 a 3 dias depois	Carta agradecendo a presença na palestra		

(continua)

Tempo	Atividade	Responsável	Comentários
1 a 2 semanas depois	Revisar as avaliações e quantificar os comentários		
	Incluir os participantes na base de dados		
	Planejar ações posteriores com os participantes		

2. Folha de avaliação

EVENTO "X"

A EMPRESA "Y" agradece o seu comparecimento a este seminário e solicita a sua opinião sobre o mesmo, completando esta folha. Muito obrigado pela sua atenciosa colaboração.

AVALIAÇÃO do seminário

	Muito alta	Alta	Baixa	Muito baixa
Divulgação da convocatória				
Atenção recebida na inscrição				
Atenção recebida durante o seminário				
Avaliação do lugar escolhido				
Interesse das palestras:				
Palestra 1				
Avaliação geral do seminário				

Opinião sobre os produtos e soluções apresentados:

Em que áreas você pretende realizar investimentos nos próximos 12 meses?

Deseja receber mais informação sobre os seguintes produtos:

A informação solicitada será enviada a:

NOME:	_____
CARGO:	_____
EMPRESA:	_____
ENDEREÇO:	_____
CIDADE: _____	CEP: _____
TELEFONE: _____	FAX: _____
E-MAIL: _____	

Que temas gostaria que fossem tratados em um futuro seminário? _____
_____
_____

COMENTÁRIOS:

GALE CENGAGE Learning
Psicologia

Bases de dados • eBooks • Coleções Digitais
Publicações periódicas acadêmicas • Livros impresos

Bases de Dados:

Academic OneFile
Bases de dados de periódicos eletrônicos, multidisciplinar e de perfil academico que apresenta grande quantidade de artigos em texto completo. A interface é amigável e oferece tradutor on-line.

Informe Académico
Coleção de periódicos em língua espanhola em todas as áreas do conhecimento e provenientes de diversas revistas publicadas pelas mais renomadas instituições acadêmicas da Iberoamerica.

Psychology e Collection
Base de dados que oferece artigos em texto completo provenientes de periódicos e obras de referência. A interface é amigável e oferece tradutor on-line.

eBooks:

Gale Encyclopedia of Psychology
Psychology of Classroom Learning: An Encyclopedia
Learning and Memory: Macmillan Psychology Reference Series

Livros impressos:

21st Century Psychology: A Reference Handbook
Encyclopedia of Applied Psychology
Encyclopedia of Industrial/Organizational Psychology
Encyclopedia of Multicultural Psychology
Encyclopedia of School Psychology
Gale Encyclopedia of Psychology
Psychology Basics
Psychology of Classroom Learning: An Encyclopedia
Child Development: Macmillan Psychology Reference Series
Learning and Memory: Macmillan Psychology Reference Series

Para mais informações: *www.galecengage.com*
ou *gale.brasil@cengage.com*

Cromosete
Gráfica e editora ltda.
Impressão e acabamento
Rua Uhland, 307
Vila Ema-Cep 03283-000
São Paulo - SP
Tel/Fax: 011 2154-1176
adm@cromosete.com.br